Bartolomé de las Casas

De las antiguas gentes del Perú

Edición de Marcos Jiménez de la Espada

Barcelona **2024**

Linkgua-ediciones.com

Créditos

Título original: De las antiguas gentes del Perú.

© 2024, Red ediciones S.L.

e-mail: info@linkgua.comm

Diseño de cubierta: Mario Eskenazi.

ISBN rústica: 978-84-96290-59-4.
ISBN ebook: 978-84-9897-034-0.

Sumario

Brevísima presentación

La vida

Bartolomé de las Casas (Sevilla, 1474-Madrid, 1566). España. En 1502 fue a La Española (hoy República Dominicana) para hacerse cargo de las propiedades de su padre. Diez años después fue el primer sacerdote ordenado en América. Más tarde vivió en Cuba y obtuvo numerosas riquezas gracias a los repartimientos y encomiendas. En 1514 regresó a España, y renunció a todas sus propiedades. Afectado por su experiencia americana, pretendió imponer un nuevo modelo de evangelización y se convirtió en un ferviente defensor de los derechos de los indios.

Su actitud provocó la enemistad de obispos, gobernadores y miembros del poderoso e influyente Consejo de Indias. En 1520 volvió a América para poner en práctica en Cumaná (Venezuela) sus ideas sobre una colonización pacífica. Fracasó. Años después predicó en tierras de Nicaragua y Guatemala, hasta que en 1540 regresó a España, donde fue uno de los más destacados impulsores de las Leyes Nuevas (1542).

Nombrado obispo en Sevilla, en 1544, tomó posesión de la diócesis de Chiapas (provincia de la capitanía general de Guatemala), allí denunció los crímenes de los colonos. Tuvo nuevos enemigos. En 1546 pasó a México y un año después regresó a España.

Durante esta época redactó su Historia de las Indias (1552-1561), publicada en 1875. Su defensa de los indígenas le hizo reclamar la presencia de negros africanos para que trabajasen como esclavos en América en lugar de aquéllos.

El buen gobierno

Basta esta cita para comprender la idea del «buen gobierno» de los Incas descrita por Bartolomé de las Casas:

Consideraba en esta visita de la tierra, si se podía hacer alguna semilla o árboles y frutales que no fructificaban, o no tanto, en otras partes, y era necesaria, y traía de otra tierra hombres que la supiesen sembrar y cultivar y a los naturales de allí lo enseñasen; a los cuales mandaba galardonar y repartir tierras y solares para sus casas y heredades. Consideraba asimismo la condición e inclinaciones de las gentes, y si entendía que eran orgullosos o inquietos, traía de otros pueblos, mayormente de los que tenía más conocidos y experimentados por fieles y obedientes, aprobados y leales, donde mandaba que morasen y usasen de sus oficios o ejercicios que en su naturaleza usaban, para que los de allí aprendiesen a vivir quietos, y para que, entendiendo quel rey los mandaba poner allí por esta causa, temiesen de hacer novedades, como quien tenía cabe si las espías y testigos que habían luego de avisar al señor, y por consiguiente, de causar en el pueblo inquietud se descuidasen.

Capítulo I. De las poblaciones y edificios notables del antiguo Perú

Para dar noticia con encarecimiento condigno de las poblaciones y comunidades o ayuntamientos de las gentes de los reinos del Perú para vivir socialmente, que llamamos villas y ciudades, de cuántas eran, y de edificios tales y tantos cuán adornadas y suntuosamente constituidas y edificadas, enriquecidas, ennoblecidas y prosperadas, sin alguna duda sería mucho tiempo necesario, y no sé si podría hallar para explicarlo suficientes vocablos; y porque la multitud de los pueblos y ciudades de las regiones que pudieron ser pobladas, las cercas dellas, las fortalezas, los templos, las Casas reales, los aposentos de los reyes y señores, fuera y dentro de los lugares y ciudades; los edificios y primor de los artificios de todo lo dicho; los caminos reales, las puentes de los ríos grandes, las acequias para regar sus sementeras y heredades, todo como es ni mucha parte de su invención, primores, artificio, industria, sutileza, grandeza, hermosura ni riqueza puede ser explicado; al menos referirse ha como pudiéremos de todo ello lo que se pudiere notificar, poniendo a la letra lo que los que lo vieron de nuestra nación hallaron, experimentaron, encarecieron, loaron, escribieron y aun puesto en molde, para que a todos constase, manifestaron.

Comienzan estos edificios y poblaciones notables desde lo postrero del reino de Popayan y de los pueblos de Pasto, yendo hacia la dicha provincia, primera del Perú, nombrada Quito o Guito. El postrero pueblo de la provincia de Pasto se llama Tuca, y cerca de allí había una fortaleza con su cava, muy fuerte para entre gente que no tiene artificios ni máquinas de fuego ni lombardas. De allí poco adelante, yendo hacia Quito o Guito, están los muy notables aposentos que se dicen de Carangue, y éstos están en una plaza no muy grande; son hechos de paredes de muy pulida y hermosa piedra, y piedras dellas muy grandes, que parece ser imposible allí ponellas hombres humanos. Están asentadas tan juntas y por tanta sutileza, y a lo que se juzga, sin ninguna mezcla, que no parece sino que todo el edificio es una piedra o en piedra cavado, así son Palacios reales. Dentro destos aposentos está un estanque de agua de piedra muy pulida edificado. Hubo aquí un templo dedicado al Sol, de gran majestad y grandes edificios, según parece agora por las paredes y piedras grandes que se ven caídas. Por dentro y

11

las paredes estaban chapadas de oro y plata, y él estaba lleno de grandes vasijas de oro y plata para sus sacrificios, como otros muchos templos que por aquellos reinos se han visto. Era tenido este templo en gran reverencia y estima de todas las gentes de la comarca.

Donde agora está la ciudad de Quito, que se llama San Francisco, digo ciudad de españoles, había grandes y poderosos y ricos Aposentos reales y templos del Sol muy señalados, a los cuales la gente llamaban Quito.

Adelante destos había otros en una población que se llama Mulahaló, y éstos no debían ser de los muy grandes, puesto que había en ellos grandes casas de depósitos, donde había todas las provisiones necesarias para la gente de guerra, como abajo será declarado.

Después destos, adelante hay un pueblo llamado Tacunga, donde había unos grandes y ricos Palacios y Aposentos reales tan principales como los de Quito, y quizá más ricos, como se parece (aunque están destruidos agora) en las paredes la grandeza y riqueza dellos, donde se ven las señales donde las chapas de oro y plata estaban clavadas y muchas cosas de oro esculpidas; mayormente había en las paredes encajadas ovejas de oro de bulto, cosas muy admirables. Estas riquezas estaban en el templo del Sol y en los Palacios reales. Y en este pueblo eran señalados estos edificios y templo y Casa real más que en algunas de las partes pasadas, y se tenían, y así lo eran, [por] mayores y más principales.

Adelante hay otros aposentos grandes y de grandes edificios, que se dicen de Mocha, que cuando los nuestros los vieron, quedaron espantados, según su grandeza y hermosura, aunque derrocados; pero, porque habían sido edificados tan fuertes y pulidos y por tan sutil artificio, por muchos tiempos adelante se conocerá por quien los viere, haber sido cosas memorables.

Más adelante destos de Mocha, están otros que se dicen de Riobamba.

Capítulo II. Donde se describen la ciudad del Cuzco, sus casas, palacios y templos, y manera de su edificio

Representar lo que se refiere por las personas que lo vieron, y está lo mismo en las susodichas historias, de la ciudad real del Cuzco, que era cabeza de todos aquellos reinos del Perú, ni se puede por alguna vía encarecer y tampoco es fácil para ser creído; pero, puédese creer, porque todos lo afirman y testifican de vista; y las cosas que arriba se han referido de otras ciudades, edificios maravillosos y riquezas dellas y de otras muchas que dejamos de decir, y los tesoros que por estas islas han venido de allá, que habemos visto, e ido a Castilla, y lo que muchas personas, dignas de dalles crédito y fe, que poco después a aquellos reinos fueron, encarecen que vieron, y los rastros y vestigios de lo que poco antes era parecen; hace con mucha razón todo lo que se afirma, y más que se diga, creíble.

El circuito desta Ciudad real, cuenta una historia de las dichas que tenía de contorno una legua. Las casas eran todas de piedra pura, muy bien labradas, y con sus junturas, que no parecían sino toda una, sin tener mezcla ninguna; todas las piedras escuadradas, y si el escuadría no viene bien conforme a la piedra su compañera, echábanle de otra piedra un remiendo tan junto y tan pulido, que de paño no pudiera ser mejor zurcido. Y para quel edificio fuese más fuerte, hacían en la una piedra de abajo un encaje de dos palmos de largo y uno de ancho y el hondo de un jeme, y en la de arriba su macho, que encajaba en aquella hembra; con lo cual, era y es la obra tan fuerte, que por millares de años durará perpetua. Las calles son grandes empedradas, pero bien angostas. Eran grandes y muchos y notables los aposentos y edificios que en esta ciudad había de muchas personas principales y templos; sobre todos eran maravillosos y ricos y de gran artificio los Aposentos y Palacios reales. La cobertura dellos era de madera y de paja, o de terrados.

Pero, el templo del Sol a todos los ya dichos en artificio y primor y cumplimientos o aposentos y riquezas sobrepujaba. Eran las paredes de piedra muy bien labrada, y entre piedra y piedra, por mezcla, estaño y plata, cosa nunca vista ni jamás oída. Estaba todo enforrado de chapería de oro por de dentro, las paredes y el cielo y pavimento o suelo. Estas chapas o piezas de oro eran del tamaño y de la hechura de los espaldares de cuero que tienen las sillas de espaldas en que nos asentamos; de grueso tenían poco menos de un dedo; y yo vide hartas. Pesaba cada una con otra bien 500 castellanos. Destas quitaron los primeros españoles (que creo que fueron tres que envió Pizarro a traer este oro, luego que prendió al rey Atabalipa), setecientas, sin muchas otras piezas de otra manera que allí había. Desguarnecieron estas planchas de oro con unas barretas de cobre que debían de hallar por allí o los indios se las dieron.

Era éste templo muy grande, porque era la matriz de otros muchos pequeños por ser el templo del Sol, en los reyes principalmente eran devotos, y dellos era venerado y en todos sus reinos con la magnificencia real dotadas de grandes riquezas y tesoros. Los vasos, cántaros y tinajas y otras piezas de diversas formas, eran mirables y sin número. Eran también innumerables los oficiales de plata y oro que, principalmente para servicio deste templo y vasos dél y para las Casas reales, había dedicado.

De otros templos desta ciudad sacaron aquellos tres españoles muchas y grandes piezas de oro y de plata, y dijeron que en todas las casas della hallaron tanto oro, que era cosa de maravilla. En una dellas hallaron una silla de oro, donde diz que hacían los sacrificios, en la cual se podían echar dos hombres, que pesó 19.000 pesos de oro. En otra muy grande hallaron muchos cántaros de barro cubiertos de hoja de oro. Vieron asimismo una casa grande cuasi llena de plata, con cántaros y otras piezas, y vasos y tinajas grandes, de las cuales yo vide algunas, y en cada una dellas cabrían tres y cuatro arrobas de agua.

Los templos estaban de la parte de Oriente donde salía el Sol, y cuanto más les venía dando la sombra del Sol, tenían menos fino el oro.

Dijeron estos tres españoles que primero en esta ciudad entraron, que las Casas o Palacios reales del rey Cuzco eran maravillosamente y con gran primor hechos en cuadra, y que tenían de esquina [a esquina] trescientos y cincuenta pasos.

La fortaleza desta ciudad, questaba en un cerro alto, era tan grande y tan fuerte y sobre tales cimientos y con sus cubos y defensas (y ésta fue comenzada y no acabada por uno de los reyes de aquel reino), que afirman los que la vieron y hoy ven lo que de ella no se ha derrocado por los españoles, que si se acabara, fuera una de las señaladas fuerzas y edificios del mundo.

Capítulo III. De las acequias, riegos y labranzas, y de los pastores y ganados

En la Nueva España, en muchas y diversas provincias y tierras della, tenían sacados los ríos y hechas sus graciosas acequias conque regaban sus tierras. Pero todas las del mundo con toda la industria humana deben callar y aprender de la sutileza tan ingeniosa que las gentes naturales del Perú, cerca de sacar los ríos y las fuentes, para hacer las tierras secas y estériles y que nunca dieran frutos y las hicieron fertilísimas, tuvieron. No se podrá encarecer la manera tan ingeniosa que para sacar de sus madres y naturales cursos y caminos grandísimos ríos y proveer de regadíos muchas leguas de tierra y sustentarlas en frescura y fertilidad tuvieron. Ver las presas y edificios de cal y canto para atajar los ríos y traellos por donde y adonde quieren, y muchas fuentes, que oírlo encarecer a los que de nosotros lo han visto, es cosa de maravilla. Primero traían el agua por acequias grandes, hechas por muchas leguas por sierras y cerros, por laderas y cabezos y haldas de sierras que están, en los valles, y por ellos atraviesan muchas, unas por una parte, otras por otra, que parece cosa imposible venir por los lugares y quebradas que vienen. Traídas estas acequias grandes a cierto lugar conveniente, de allí hacían otras pequeñas y repartían el agua por tal arte y sutileza, que todas las heredades alcanzasen della, que ni una gota se les perdía de que todos no se sirviesen. Y ésta es una de las delicadas maneras de policía que se cuentan destas gentes (conviene a saber), la cuenta y cuidado, orden y arte que tenían de traer y repartir el agua de los ríos para regar grandes tierras, que ningunos de los romanos lo pudieran mejor ni quizá tan bien y con tanto artificio hacer.

Afirman los que han visto estas acequias, no creer que en el mundo ha habido gente ni nación que por partes tan ásperas ni dificultosas sacasen las aguas de los caudales ríos para regar sus tierras, como esta gente. Andar por aquellos llanos donde hay estas acequias, es ir por entre unos fresquísimos y deleitables vergeles, por estar todas siempre verdes y frescas muchas hierbas y arboledas, y todas llenas de aves que las regocijan.

Pues a quien tantos trabajos y sudores costaban sacar las aguas de los ríos y hacer las acequias, síguese que en la cultura y labor de la tierra eran solícitos y diligentísimos. Así lo afirman y así es manifiesto por la muche-

15

dumbre de las heredades, que allí llaman chácaras, en todos géneros de comida que tenían. Y para que se conozca que tenían maravillosa industria y eran verdaderos labradores parte de aquellas repúblicas, y que ayudaban no menos que en otras a que se tuviese suficiencia de buena policía, considérese la industria y sutileza siguiente: En el valle de Chilca, salido del de Pachacámac, donde ni llueve ni pasa río, ni hay alguna fuente de donde salga frescura o humedad alguna, finalmente, la tierra es por esta causa esterilísima; empero, por sola industria de las gentes de [ella], abundan de grandes labranzas y de arboledas y frutas tanto y más que en las tierras fertilísimas de regadío. Hacen los indios ciertas hoyas en la tierra y en el arena muy hondas y anchas, y en ellas ponen sus granos de maíz, y las otras simientes o legumbres y lo demás que suelen sembrar para su comida, y con cada grano echan dos o tres cabezas de sardinas, y con la humedad de aquellas, los granos se mortifican y después crecen y dan tanto fruto, que a ninguna otra tierra, por fértil que sea, tienen envidia. ¿No es industria y viveza ésta de gente no (sic) muy ingeniosa y más que otra política?

Pescan en la mar, con redes, infinitas de aquellas sardinas, que no solamente de vianda en abundancia, pero aun de pan y frutas diversas por ellas son estas gentes mantenidas. Y porque, según el Filósofo en el 1.º de las Políticas, capítulo 5.º, y en el libro 6.º, capítulo 4.º, la vida y ejercicio de los pastores en muchas cosas es semejante a la de los labradores, porque guardar y apacentar los ganados es cuasi curar y cultivar y usar agricultura viva, y después del pueblo que consta de labradores, el segundo lugar en bondad es el pueblo de los pastores (pastoribus qui constat optimus est post populum qui constat ex agricolis), por esto será bien traer en este lugar un poco de los pastores, que en las tierras destas Indias donde Dios quiso proveer de ganados, los había. Y éstos solamente hasta hoy sabemos que en los reinos del Perú los hubiese, porque en ninguna otra tierra o región sino allí se han visto ganados domésticos. En aquellos reinos hubo inmensidad de ovejas, y [en] tanto número, que no puede ser creído. Comúnmente había los hatos y greyes de doce y de quince y de veinte mil cabezas. Estas eran de tres o cuatro especies. Una especie de ovejas llamaban los moradores naturales de aquellas regiones llamas, y a los carneros urcos. Unos son blancos, otros negros, otros pardos; muchos son tan grandes como bestias asnales, mayores algo que los de Cerdeña.

Tienen las piernas muy grandes y [son] de barriga muy anchos; los pescuezos cuasi como de camellos; las cabezas como las ovejas de Castilla, poco más o menos. Llevan tres o cuatro arrobas a cuestas, y otras veces caminan los hombres encima de ellos. Finalmente, se servían dellos para traer leña y otros trabajos proporcionados, como nosotros de nuestras bestias. Son grandes comedores y quieren mucha y grande yerba. Es ganado muy doméstico y quieto. La carne dél no tiene precio en sabor y sanidad, mejor que la de los nuestros .

La segunda especie es la que llamaban guanacos, de la figura de los dichos, aunque son mayores algo éstos. Andan monteses infinitos dellos, y son tan ligeros, que a saltos corren que un caballo parece que les pasara apenas.

La tercera especie hay, que llamaron vicuñas, y son más que otras ligeras y menores que los guanacos. También son monteses. Y puesto que la lana de todos los de arriba es muy buena, pero la destas, sin comparación es mejor y más fina.

Es la cuarta especie, a quien nombraron pacos; y éstos son más que todos pequeños y también domésticos.

Por manera, que como hubiese tan infinito número destas especies de ganados ovejunos, haber grande número de pastores necesario era.

Una cosa me ocurre al presente cerca dellos, que no es chico argumento del buen gobierno que en aquellos reinos estaba puesto e ingeniosa policía. Esta es, provisión y cautela prudentísima para que ningún pastor, andando en los despoblados campos apacentando doce y quince mil ovejas, pudiese hacer una menos, ni una tajada de carne ni un pelo de lana dellas, fingiendo que los lobos, o tigres o perros la comieron, o que hubo entrellas morriña. Cuando alguno se encargaba de oficio, tomaba por cuenta tantas mil cabezas o las que eran; éste era obligado a tornallas por cuenta; y si alguna se perdía padecía él el riesgo. Si se le moría, tenía obligación a poner el cuero a una parte y la lana a otra, la cual daba por peso y cuenta; y toda la carne, por piezas, lo de dentro y lo de fuera, había de salar con sus huesos; por manera, que cuando le pedían la cuenta, cuasi tornaba a reintegrar la oveja, poniendo y mostrando pieza por pieza; y así, ni un dedo de carne ni otra cosa podía comer ni aprovecharse el pastor della sin que se viese; y si algo faltaba de todo esto, lo pagaba de su hacienda; y si mil ovejas desta manera daba muertas, no tenía culpa ni pena. Si el lobo o tigre la llevaba y el pastor lo alcanzaba y de acabarla de comer lo impedía, era obligado a mostrar los bocados y dentelladas de la tal bestia, y lo demás había de dar salado de la manera dicha. Parece no ser chica orden y recaudo para evitar las fraudes que cerca de los ganados por parte de los pastores ofrecerse podían.

Capítulo IV. De los oficiales de todos oficios, principalmente arquitectos, alarifes, tejedores, plateros y mineros

Y tratemos un poco en los reinos del Perú cuanto a este artículo de los oficiales. Ser grandes geómetras intelectuales, que llamamos arquitectos, que tratan la obra y ordenan y mandan lo que se ha de hacer, y manuales, que son los que en la obra ponen las manos, creo que traer muchos testigos no será muy necesario, pues los grandes y ricos y suntuosos edificios de pueblos, y casas, y templos y acequias de aguas, que arriba, destos reinos, habemos referido, son, no solo primísimos, pero admirables y espantables; para edificación de los cuales, manifiesto es no solo concurrir canteros o picapedreros, albañiles y asentadores de aquellas piedras, sacadores dellas en las canteras, traedores también dellas a las obras de muchas leguas, cortadores de madera, traedores della, carpinteros, labradores y asentadores della, caleros, hacedores de mezcla, pintores y de otros oficiales muchas diferencias. Todas estas obras, aunque eran muy perfectas, como se ha visto, empero, lo que excede toda industria y humano ingenio, es la maravilla de hacellas todas sin hierro y sin herramientas, mas de con unas piedras. Y porque hace poco al caso de lo que probar queremos referir particularizadamente todos los oficios que estas gentes tenían, sobra, según creo, solo mostrar las obras y edificios hechos, de los cuales se puede tomar cierto y no dudoso argumento abundar en otros muchos diversos oficios, que particularizallos sería mucho superfluo al presente; con los siguientes dos quiero a esta materia de edificios dar fin y concluilla brevemente.

El uno es las ropas de algodón y de lana que hacían y hoy hacen muy pulidas, muy pintadas de diversas y finas colores. (Estas colores hacen de ciertas yerbas.) Muchas mantas de que hacen sus vestidos se han visto de muy fina lana y de diversidad de colores, blanco, negro, verde, azul, amarillo, bien matizadas y proporcionadas, y tan ricas, que parecen almaizares moriscos. Pero lo que más es de admiración, que hagan tapicería; de la de Flandes, muy rica, y no como aquélla, que tiene revés y envés, que de una parte sola suele y puede servir, sino que la que hacen toda es a dos haces, tan bien hecha y hermosa la una como la otra, de la cual en Castilla vide algunos paños que pudieran ponerse y adornar con ellos los palacios del rey. Muchas obras destas hacen cada día, de lana y algodón, muy primas y muy delgadas y finas. Del pelo de unos animales que son del tamaño de liebres, hacen también muy buenas mantas para cubrirse y para la cama, porque son muy blandas, como seda, y calientes, y por ende bien estimadas.

El otro oficio es el de los plateros. Destos hubo infinitos y hay hoy no pocos cuyo ingenio, industria y sutileza quererla encarecer parece, y lo es, cosa superflua y aun imposible. Debía bastar lo que arriba, puesto que poco, se ha dichos y las piezas y obras de oro y plata que se han llevado de aquellos reinos a Castilla, de las cuales testigos son infinitas gentes que las vieron descargar por muchas veces en la ciudad de Sevilla. Tantas ni tanta diversidad de piezas y de tal hechura invenciones dellas y otras tan primas de oro y plata y tan fácilmente y con tanta penuria de instrumentos, nunca jamás los vivos ni los muertos entre algunas naciones del mundo se vieron ni oyeron. Tinajas, cántaros, fuentes, jarros, platos, escudillas, aves, animales hombres, yerbas y todas las cosas posibles hacerse de plata y oro, y otras que no les sabemos el nombre sino llamalles piezas, y de todas en número infinitas, en aquellos reinos por los naturales vecinos dellos hechas con los ojos de la cara se vieron, y con las manos se palparon, y por todos los sentidos (sino fue el del gusto, aunque no faltó el gusto del entendimiento) se conocieron.

Dos casas se dijo que tenía el rey del Cuzco en cierto lugar cerca de allí, que eran todas de oro, y la paja con que estaban cubiertas era de oro. Éstas no se vieron, pero argumento dellas hubo, y fue, que con la riqueza que se trajo del Cuzco, preso Atabalipa, se trajeron pajas macizas con sus espiguetas, de la manera propia contrahecha que en el campo nacen, todas de oro. Piezas hubo de asiento, y creo que fue silla, que pesó ocho arrobas. Águilas de plata muy hermosamente, hechas, que cabía en su vientre dos cántaros de agua. Muchas ollas de oro y otras de plata, en cada una de las cuales se cociera una vaca despedazada. Ovejas del tamaño de las naturales de aquella tierra, con sus pastores que las guardaban, tan grandes como hombres, todo hecho de oro. Fuentes grandes con sus caños, corriendo agua en un lago hecho en las mismas fuentes, donde había muchas aves hechas de diversas maneras, y hombres sacando agua de la fuente, todo hecho de oro. Vajillas de todas piezas, y fuentes y candeleros, llenos de follajes y labores. Admirables, hechos sin instrumentos, más de con dos pedazos de cobre y, con dos o tres piedras, sin otra cosa alguna de que se ayuden. La chaquira, que, son unas cuentecitas no mayores que cabezas de chequitos alfileres y horadadas, que es joya entre ellos muy preciada, y que hay en una sarta infinitas muy menudas que apenas se divisan o pueden ver es obra sobre todas las que hacen prima, sutilísima y muy extraña.

Labran piezas espantables, juntando plata con oro y oro y plata con barro sin soldadura, que no hay oficial de los nuestros que alcance y que no se espante cómo puedan cosas tan diversas juntarse; por manera que hacen una tinaja que el pie tiene hecho de barro y el medio della es de plata y lo alto es de oro; esto, tan prima y sutilmente asentado o pegado lo uno con lo otro, sin estar, como dije, soldado, que en sola la color se distinguen los diversos metales.

Otro primor tienen aquí grande: que como va llegándole la plata hacia el oro, va perdiendo la color y tomando la del oro, y como el oro se va llegando a la plata, va perdiendo su color y tomando la de la plata.

Hacen asimismo estampas y cordones de oro y muchas otras cosas de oro. Sin los vasos. Y destos oficiales hay muchos tan muchachos, que apenas saben bien hablar.

El sacar de las minas la plata no ha sido menos la manera ingeniosa que lo questá dellos relatado. En muchas partes de aquella tierra donde hay grandes mineros de plata, como es en el Cerro de Potosí, y no era posible por vía humana con fuego encendido y avivado con fuelles hacer correr el metal, por la fortaleza dél o por otro secreto natural, inventaron esta manera y arte para lo hacer contra toda su fortaleza o secreta fuerza natural (conviene a saber): hicieron ciertas como macetas o vasos de barro llenos todos de agujeros, como suelen ser los albahaqueros en España, por donde, cuando los riegan, se destila el agua. Con éstos se suben a los cerros más altos y hínchenlos de carbón, y encima del carbón ponen el metal; viene el viento Sur, o mareros o embates de día y de noche, cuando vienta, y entra por aquellos agujeros y a cabo de su rato corre por ellos el metal; después de lo cual, con unos fuelles chiquitos que ellos tienen, lo apuran y afinan y ponen con buena industria en perfección su plata. Y así, en las minas desta especie, sin el viento, plata ninguna se podrá sacar; y cuanto más el viento es mayor, mayor es la cantidad de la plata que se saca.

Cosa es de ver y de maravillar de noche como los cerros están llenos de infinitas luminarias por la lumbre que resulta y sale por los agujeros de aquellas hornillas, o más propios albahaqueros, como cada uno tenga muchos y los indios que a este oficio vacan sean innumerables, y también muchos españoles.

En las otras minas de plata donde no es tan fuerte como aquesto el metal, su común, sacar dellos la plata, es haciendo un hornillo de barro, y poniendo en él su carbón y sobre él su metal, sóplanlo y enciéndenlo y avívanlo con un cañuto hueco de caña o de palo, hecho para aquel oficio; y éste es su modo de sacar tan inmenso e inaudito peso y número como en aquellos reinos las gentes naturales dellos han sacado de plata. El oro de las minas por otra manera y arte, aunque con grandísimo trabajo, pero no con tantos achaques y dificultades y rodeos, se saca.

Y con esto damos conclusión a la segunda parte de la república por sí suficiente y bien ordenada, que, según Aristóteles, fue y es que haya en ella oficiales, etc., etc.

Capítulo V. De la gente militar, su educación y disciplina; armas, provisiones y almacenes para ellas; táctica y política en la guerra

Yendo, pues, por este camino, y prosiguiendo la materia comenzada de la gente de guerra, entremos en la relación de las gentes del Perú, dejados otros reinos y provincias.

Grande solía ser la provisión y cuidado tenía della, para que fuesen proveídos todos los hombres de guerra en aquella tierra. De aquí y de otros muchos argumentos que abajo se traerán, parece seguirse que en aquellos reinos del Perú había gente señalada y dedicada para solo la guerra, sin tener ni que vacasen a otro ningún oficio; y es así, según afirman los religiosos que por muchos años de conversación y experiencia la lengua de aquella tierra estudiaron y supieron y de propósito han inquirido las leyes y costumbres y secretos y antigüedades de aquellas gentes penetrado. Tenían, pues, ordinarias guarniciones y gente de armas que no entendían en otra cosa sino en las guerras y estar aparejados para ellas. Por esto eran muy privilegiados y exentos de otros servicios.

El modo que se tenía en elegir los hombres para la milicia, era éste: En cada pueblo había maestros de enseñar la manera de pelear y ejercitarse en las armas. Estos tenían cargo de tomar todos los niños de diez hasta dieciocho años, en cierta hora o horas del día, y dábanles forma de reñir de burlas o de veras entre sí y [que] se ejercitasen como quiera en las armas; y los que destos salían de más fuerzas y más valientes, más ligeros y aptos para la guerra, y feroces, aquellos mandaba el rey que los señalasen y fuesen dedicados al ejercicio bélico, y desde adelante cada día más usasen a pelear de burlas o de veras, hasta que fuesen de edad para servirse dellos en las guerras. Mandábales dar sueldo conveniente de que comiesen y se criasen, y que gozasen de sus privilegios.

Tenían otra manera de probar los niños y conocer lo que después de grandes harían en las peleas. Después de llegados a los dieciocho años, poníanlos delante del capitán general o de aquel maestro que tenía cargo deste ejercicio, y mandaba a uno que tenía una porra o alguna otra arma en la mano, «ven acá, mátame aquél», [e] iba y alzaba la porra como que le quería dar; y si el mozo rehuía la cara de miedo, apartábalo y dejábalo para que toda su vida fuese labrador, y su oficio y ocupación fuesen obras serviles; pero al que no huía la cara, dedicábanlo para el arte militar, mandándole que siempre se ocupase en ella; y desde luego era hidalgo, y gozaba de los militares privilegios. Por estas vías tenían los reyes de aquellos reinos de señalados hombres muchas grandes guarniciones.

Todos los privilegios y exenciones que la gente de guerra de los reyes concedidos tenían, eran a costa del rey; y cuando movía guerra alguna, de sus rentas todos los gastos y sueldo de la gente pagaba, porque el pueblo en cosa ninguna fuese gravado. Para provisión de lo cual, tenían los reyes modo y providencia admirables. Habían mandado edificar en los cerros muy altos y lugares cómodos, según la calidad y disposición de las provincias muchas casas en renglera y juntas unas con otras, muy grandes, y depósitos de todas las cosas de que había en todo el reino, que ninguna cosa faltaba. Unas estaban llenas del maíz o trigo, pan común de la tierra firme destas Indias, y frísoles, habas, papas, camotes, xicamas, que todas son raíces comestibles y buenas, con otras especies dellas. Había depósitos de sal, de carne seca y curada al Sol sin sal, carne también salada y pescado salado y pescado sin sal, curado al Sol y otras cecinas; y finalmente grandísima provisión y abundancia de comida, cuanta se podía haber y había por todo el reino.

Había otros depósitos de ovejas y carneros vivos, así para comer como para llevar cargas. Había casas y depósitos llenos de lana en gran cantidad, y de mucho algodón con sus capullos y en pelo, y también hilado. Otras casas llenas de camisetas y mantas hechas de lana fina y de lindos colores, y de camisetas y mantas de algodón. Casas llenas de cabuya, henequén y de pita, que ya dijimos ser especie de lino, y de cáñamo; desta mucha en pelo y en cerro, y de hilada y torcida, e infinitas sogas y cabestros dello hechos. De inmensa cantidad de cotaras, que son su calzado para los pies, como alpargatas, hechos de diversas y lindas maneras. Había depósitos también de mantas muy ricas y de naguas, que son las faldillas o medias faldillas, y camisas riquísimas para solas las grandes señoras. Había depósitos de gran número de toldos, que son como tiendas de campo, para la gente de guerra. Infinita cantidad de hondas y piedras hechizas para tirar con ellas; arcos y flechas y hachas de armas y porras de cobre y de plata, y macanas, que son

24

llanas, aunque sirven como porras; rodelas, plumajes; infinita bixa, ques la color bermeja, conque se untaban para se parar horribles y feroces en las batallas; de manera, que ninguna cosa en aquestos depósitos de provisión faltaba, ni para guerra ni para paz. Las porras eran a manera de estrellas, y pasaba el palo por medio con un astil cuasi de cuatro palmos, y traíanlas ceñidas al cuerpo del brazo, y las hachuelas de armas, con otro astil de tres palmos, al otro lado, atadas a la muñeca del brazo. Algunas porras eran de piedra labrada. Estos vocablos cotaras, macanas, bixa y maíz y maguey, fueron vocablos desta isla, y no de la Tierra Firme, porque por otros vocablos allá estas cosas llaman.

Las causas porque movían comúnmente sus guerras eran, o porque alguna provincia de las sujetas se venía a quejar de otra que no era súbdita, por alguna injuria o daño della recibido, o porque alguna de las sujetas contra el rey se rebelaba; y éstas eran las causas ordinarias. Otras hubo, algunas veces por ambición del rey, queriendo dilatar su imperio, y señorío, como hacen muchos tiranos en el mundo.

Antiguamente, antes que señoreasen aquellos reinos los reyes Incas, tenían guerra sobre las aguas y tierras; y por estas causas tenían sus pueblos en cerros altos y en peñas, y hacían fortalezas donde subían su comida con mucho trabajo y pena. No tenían otras armas sino hondas, y unas rodelas. Éstos eran los de las sierras; pero los de Los Llanos, que se llaman yungas, tenían flechas y unos dardos que tiraban con amiento, y debían ser como las tiraderas de esta isla.

Cuando la provincia era pequeña contra la cual se determinaba la guerra, enviaba el rey a un deudo suyo por capitán general; pero si era grande, iba él en persona a dar la batalla.

La gente de guerra estaba tan bien morigerada, tan modesta, tan orde-nada y tan contenida dentro de los límites de la razón, que cincuenta mil hombres y muchos más que solían, si era menester, juntarse, iban por los caminos reales; y llegando y pasando por los términos de cualquiera lugar chico o grande, no entraba en el pueblo hombre alguno dellos, sino todos se aposentaban en el campo; y si convenía, por la comodidad, entrar en el pueblo, estábanse en la plaza sin entrar en alguna casa; y aunque viniesen rabiando de hambre, no osaría hombre de ellos tomar un pollo ni grano de maíz, ni hacer menos a ningún vecino, contra su voluntad, un hilo de lana.

Luego, los oficiales que para esto allí, el rey tenía puestos, sacaban las provisiones de comida y bastimento que tenían ya guisada y aparejada, y de todas las otras cosas que al ejército y a cada particular persona dél eran necesarias. Repartíanse por sus cohortes y capitanías los vestidos, calzados, tiendas y armas y todo lo demás que les faltaba. Hurto, agravio, fuerza, mala palabra a ninguna persona era dicha ni hecho, ni había quien ninguno del ejército se quejase, porque hubiera gran castigo, y sobre ello había gran orden y cuidosísimo recaudo. Pero, principalmente procedía esta observancia, de ser la gente de su naturaleza más que otra del mundo sujetísima y obedientísima a sus reyes y señores, por su innata mansedumbre y humildad. Y así, aquellos ejércitos, tanta era su modestia, su orden, su regla y la justicia que para con todos guardaban, que más se podían decir parecer convento de frailes muy regulados, no quiero decir que destos soldados, pero que ni muy quietos y honestos ciudadanos.

La misma provisión y en toda abundancia de las cosas necesarias hallaba el ejército en cualquiera despoblado por donde pasaba, porque en todas partes había los grandes depósitos llenos de las cosas de provisión de suso señaladas.

Cuando comenzaban a pelear, lo primero era con las hondas, en que eran muy diestros y con que disparaban infinita pedrería, como entre nosotros disparamos nuestra artillería, cuando al ejército contrario puede alcanzar; después que más se acercaban, peleaban con las flechas; a la postre venían a las manos y usaban de las porras y macanas y las otras armas.

Si la gente contraria o culpada salía a recibir de paz con humildad y satisfacía y aplacaba de obra o por palabra, siempre los recibían con benignidad, y a los que les hacían guerra solamente peleaban hasta sujetarlos. Después de sujetos, tomábanles alguna gente para su servicio, a manera de esclavos, los cuales poco diferían de libres en los trabajos que los imponían y en el ordinario tratamiento. No eran crueles contra los enemigos ni se holgaban de matar ni hacer en ellos crueldades después de rendidos, antes fácilmente se aplacaban y perdonaban las injurias recibidas, desque vían las victorias ser concluidas.

Tenían cierta manera de orden de caballería, cuasi como los de la Nueva España, aunque no con tantas ceremonias ni a tanta costa, puesto que, por ventura de más alta guisa; y debía ser para obligar los caballeros a hacer valentías en las guerras. Ésta era la de los Orejones, la cual no podía ninguno tomar ni profesar sino los del linaje de los señores Incas, y con licencia y privilegio del rey. Las ceremonias que para esto hacían eran estas: el que había de ser orejón y armado caballero, había de ayunar cuatro días sin comer cosa alguna, y al cabo dellos; hacíanle correr por unos cerros mirándolo todo el pueblo. Después mandábanle luchar con otros mancebos, y ejercitado y probado en esto, horadábanle las orejas por el cabo de abajo, ques lo más blando dellas, y metíanle por el agujero un palillo delgado y pequeño. Luego hacíanles más grandes aquellos agujeros, y más y más, hasta ser tan grandes que puedan meter por ellos un rollete de muchas vueltas como un aro de cedazo chequito con que suelen los taberneros colar el vino. Si es gran señor el caballero, póneselo de oro o de plata. E aina parecerán estas orejas a las de los fanesios, gentes de unas islas que están en el Océano septentrional; los cuales, según Plinio (libro 4.º capítulo 27), viven desnudos, pero tienen unas orejas tan grandes, que les cubren todo el cuerpo.

Ésta era y es la suprema hidalguía y honra y caballería entre ellos, y manera de armarlos caballeros o hacer profesión en ella, después de ser Supremo señor en aquella tierra. Ninguno podía usar de esta insignia, que era tener las orejas tan grandes como dicho es, sino los del linaje del señor Supremo, ni sin su autoridad y licencia, ni sin haber hecho las ceremonias ya dichas. Hacía, empero, el rey mercedes, aunque raras veces, a algunos señores grandes que pudiesen hacer estas ceremonias y usar de aquel privilegio, yendo las orejas de aquella manera.

Después que los españoles entraron en aquellos reinos, muchos de los señores que hay usan ya libremente de aquella preeminencia, como falta quien se lo impida; pero en tiempo de los reyes ninguno lo osara hacer.

En estos actos y ceremonias se les ponía el nombre con que aquellos caballeros para toda su vida habían de quedar, quitado el que hasta allí habían tenido. Había costumbre entre todas aquellas gentes de mudar tres veces los nombres: uno ponían al niño y la niña de cuatro días nacido, el cual era puesto ab eventu (conviene a saber) por alguna cosa que a él o a otros aquel tiempo acaeciese segundo, en llegando el niño a los ocho años, y entonces le trasquilaban los cabellos y poníanle aquel nombre que su padre o abuelo había tenido cuando niño. La tercera mutación del nombre acostumbraban hacer a los dieciocho años, y trasquilábanlo otra vez, poníanle nombre comúnmente de su padre o abuelo, y con éste se quedaba y nunca más se había de trasquilar; pero a los señores y caballeros de la dicha caballería, ponían el nombre con que había de quedar en aquellos actos de la profesión que dijimos, lo cual concluido, todos los parientes y amigos hacían muy señalada y regocijada fiesta de comer y beber, con bailes y danzas y todas las maneras que tenían de alegría y regocijo. Y con esto se fenecían las ceremonias de aquella orden y caballería, y así quedaban en gran dignidad y estima de todos, aquestos los caballeros armados así, aunque harto a menos costa de trabajos y penitencia y ayunos y vigilias y devoción y bendiciones sacerdotales, y también peligros, que los caballeros de la Nueva España que profesaban la orden y caballería de Tecuitli; y aunque parece aquesta de los orejones de más autoridad y dignidad y estima, empero la de los Tecuitles cierto más pomposa y más célebre y adornada de ceremonias y con más propios y trabajosos actos del caballero que la profesaba se merecía. Y esto, cuanto a la tercera parte de la república bien ordenada y que es estar proveída de gente de guerra, que la hubo entre aquestas indianas gentes, sufficiat.

Capítulo VI. De la riqueza de los señores y particulares. Comercio y moneda

Los reyes y gentes del Perú asaz ricos eran y suficientísimamente proveídos estaban de las cosas necesarias para las guerras que quisiesen mover contra otras gentes (como parece por el capítulo precedente), y pocos reyes del mundo leemos que tal provisión para ellas ni tal orden hubiesen tenido; y si de oro y plata hablamos, pocos o ninguno de los reyes, que se leen fueron tan ricos. Sobraba pues, la provisión que tan abundante y cierta y continua y pronta y perpetua tenían en aquellos depósitos, para que cuanta gente de guerra quisiesen los reyes juntar fuese muy suficientemente proveída. Era mirable la industria, orden y providencia que los reyes tenían puesta en que aquellas alhóndigas y depósitos estuviesen siempre llenos de todas las cosas necesarias, no solo para la guerra, pero para otros bienes públicos. Estos depósitos estaban edificados junto a los Caminos reales, y a sus trechos y jornadas, convenientes en los despoblados y otros en las ciudades. Cada provincia comarcana era obligada, por título de tributos para el rey, a labrar o hacer labranzas y sementeras cuando el pan, ques el grano del maíz, y las otras cosas de mantenimiento de los frutos de la tierra, en ciertas tierras que estaban señaladas y se nombraban del rey y señor. Cogidos los frutos, encerrábanlos en aquellos depósitos, que eran unas casas muy grandes. Lo mismo se hacía de las carnes y pescados en cecinas; lo mismo de las mantas para vestidos y calzados; lo mismo de las armas y de todas las otras cosas que arriba se señalaron, porque todo esto tributaban. Y estas casas de depósitos y las cosas que en ellas se metían y guardaban, tenían título del rey, como quien dijese las Atarazanas reales.

Cuando estas provisiones no se gastaban, porque no había guerras o porque de las fiestas que los reyes hacían (porque de aquellos depósitos para ellas gastaban) sobraban, y también porque no se dañasen, tenían ordenado y mandado que cada tres años se renovasen y tornasen a henchir de todas las cosas que de antes llenas estaban. Y lo que para reyes gentiles y sin lumbre de fe, y aun para reyes católicos y buenos cristianos, es cosa de grande ejemplo e imitable, que tenían tanto cuidado de los pobres, que cada vez que los depósitos se renovaban, todo lo que en éstos había de lo viejo, se repartía por los pobres, comenzando de las viudas y huérfanos y otras personas necesitadas. Esta obra y providencia era digna de rey prudentísimo, piísimo y digno de reinar y gozar de sus reinos por muchos años.

Item de ganados había muchas personas riquísimas, que ni los ganaderos de Soria ni aun los Padres antiguos parece haber tenido tan grandes ayuntamientos y hatos de ovejas, ni en tantas partes como aquéllos tenían.

Cuanto a los tratos, comercios y contrataciones, en los reinos del Perú tenían también sus comercios y lugares señalados para ellos, donde compraban y vendían, y la moneda, o en lugar de moneda, que usan, es cierta yerba, que llaman en su lengua coca, que es como hoja de arrayán, la cual, trayéndola en la boca, no sienten hambre ni sed por todo el día. Yo la he visto traer continuamente (si quizá no es otra) a la gente de la provincia de Cumaná y aquella costa que dicen de Paria abajo, hacia donde se solían pescar las perlas; la cual les causaba «una grande fealdad, que teniendo los dientes de su naturaleza, muy blancos y muy buenos, se les hacía sobrellos una costra gruesa tan negra como si fuera de azabache». También se usa traer yerba en la boca en las provincias dentro en la tierra que van a Popayan, y así debe ser por toda aquella tierra y reinos o por mucha parte dello, puesto que no sabré decir si es toda una la coca del Perú y las yerbas que por las otras provincias traen las naciones dellas en la boca. Si son diversas, deben tener la misma virtud, y el fin de traellas debe ser por conseguir el mismo fruto.

Capítulo VII. De los dioses, ídolos y fábulas religiosas
Primero que descendamos a la multitud de los dioses, se ha de saber que antes que el capital enemigo de los hombres y usurpador de la reverencia que a la verdadera deidad es debida, corrompiese los corazones humanos, en muchas partes de la Tierra Firme tenían conocimiento particular del verdadero Dios, teniendo creencia que había criado el mundo y era señor dél y lo gobernaba, y a él acudían con sus sacrificios, culto y generación y en sus necesidades. Y en los reinos del Perú le llamaban Viracocha, que quiere decir Criador y Hacedor y señor y Dios de todo.

Y para que se tenga noticia de los dioses que aquellas tan infinitas naciones tenían y adoraban, es de tomar por regla general, que por todo aquello que se sabe de aquella vastísima Tierra Firme, al menos desde la Nueva España y atrás mucha tierra de la Florida y de la de Cíbola, y adelante hasta los reinos del Perú inclusive, todos veneraban el Sol y estimaban por el mayor y más poderoso y digno de los dioses, y a éste dedicaban el mayor y más suntuoso y rico y mejor templo, como parece por aquel grandísimo y riquísimo templo de la ciudad del Cuzco, y otros en el Perú. El cual en riquezas nunca otro en el mundo se vido, ni en sueños se imaginó, por ser todo vestido de dentro, paredes y el suelo, y el cielo o lo alto dél, de chapas de oro y de plata, entretejidas la plata con el oro, no piezas de a dos dedos en el tamaño ni delgadas como tela de araña, sino de a vara de medir, y de ancho de a palmo y de dos palmos, gruesas de a poco menos que media mano, y de media y de una arroba de peso. Los vasos del servicio del Sol, tinajas y cántaros, de los mismos metales, tan grandes, que, si no los viéramos, fuera difícil y casi imposible creerlo; cabían a tres y cuatro arrobas de agua o de vino o de otro licor, como arriba más largo en el capítulo II lo referimos.

Entremos ya finalmente a tratar y fenecer la materia de los dioses en las grandes regiones y reinos del Perú, donde tanta multitud de naciones y tan bien ordenadas y regidas vivían, y muy dadas y ejercitadas en la religión. Todas ellas tenían sus ídolos y dioses artificiados de piedra y madera, cada pueblo y quizá cada casa y vecino en particular. En ellos, según se decía, les aparecía el Demonio en diversas figuras, conviene a saber, que aparecía a los sacerdotes y hablaba con ellos; porque no se tiene el traidor en tan poco, que se deje ver de todos.

Dos especies de gente eran más que las otras religiosas y a los dioses más devotas (conviene a saber), las que vivían en las sierras y las de la costa. Los serranos, por lo que toca a sus sementeras, las cuales muchas veces se les perdían, dellas por falta de lluvia y dellas por sobra de nieves o hielo; los de la costa de la mar por sus pesquerías. Por estas necesidades tenían sus dioses que en aquellas cosas presidían, y a ellos, cuando les convenía, con sus devociones y sacrificios acudían. Tenían para ellos sus templos en los picos de las sierras altísimas y asperísimas, y en la mar dentro de algunas islas. A todas las cosas que les parecía tener alguna cualidad señalada más que las otras, como si una sierra tenía un pico o alguna peña que diferenciaba de las otras y parecía mejor puesta o de más agradable, a su parecer, hechura, o alguna concavidad, creían tener alguna participación de deidad, por lo cual le tenían especial devoción y le hacían reverencia y sacrificio.

En aquellos tiempos se tuvo por dios una muy rica esmeralda en la provincia de Manta, que es la que agora llaman Puerto Viejo, la cual ponían en público algunos días y la gente simple la adoraba. Y cuando algunos estaban malos, íbanse a encomendar a la esmeralda, y llevaban otras piedras esmeraldas para le ofrecer, por persuasión del sacerdote, dándole a entender, que por aquella ofrenda la salud le sería restaurada.

Tenían también a los señores que les habían bien y justamente y con amor y suavidad gobernado y sido provechosos a los pueblos, por más que hombres, y a poco vinieron a los estimar por dioses y a ofrecelles sacrificios y acudir a ellos, invocándoles en sus necesidades.

Estas y otras cosas tenían en veneración las gentes de aquellas provincias en todo el tiempo que precedió al señorío y reinado de los reyes Incas, mayormente al primero, que llamaron Pachacutic Inca, que quiere decir «Vuelta del Mundo» y porque los puso en mucha y más pulida policía que la que antes tenían, y por esta pulideza y mejoría les parecía que se volvía el Mundo de un lado a otro.

Pero este rey y sus sucesores, más discreto y verdadero conocimiento tuvieron del verdadero Dios, porque tuvieron que había Dios que había hecho el Cielo y la Tierra, y el Sol, y Luna, y estrellas y a todo el Mundo, al cual llamaban Condicibiracocha, que en la lengua del Cuzco suena, «Hacedor del Mundo». Decían que este dios estaba en el cabo postrero del Mundo, y que desde allí lo miraba, gobernaba y proveía todo; al cual tenían por Dios y señor, y le ofrecían los principales sacrificios. Afirmaban que tuvo un hijo muy malo, antes que criase las cosas, que tenía por nombre Taguapicaviracocha; y éste contradecía al padre en todas las cosas, porque el padre hacía los hombres buenos y él los hacía malos en los cuerpos y en las ánimas; el padre hacía montes, y él los hacía llanos, y los llanos convertía en montes; las fuentes que el padre hacía, él las secaba; y finalmente, en todo era contrario al padre; por lo cual, el padre, muy enojado, lo lanzó en la mar para que mala muerte muriese, pero que nunca murió. Parece aquesta ficción o imaginación significar la caída del primer ángel malo, hijo de Dios por la creación, pero, malo por su elación y siempre contrario de Dios su Criador. Fue lanzado en la mar, según aquello del Apocalipsis, capítulo 20: Diabolus missus est in stagnum, etc. Decían también que el Sol era el principal criado de Dios, y que es el que habla y significa lo que Dios manda; y no iban en esto muy lejos de la verdad, porque ninguna criatura (sacados los ángeles y los hombres) así representa los atributos y excelencias de Dios (según san Dionisio, 4.º de los Divinos nombres), como el Sol. Y así, como tenga y produzca tan excelentes y diversos efectos ¿qué otra cosa parece sino manifestar y publicar las excelencias y operaciones que en estas cosas criadas obra el Criador y verdadero Dios? Por lo cual lo servían y honraban y ofrecían sacrificios; pero primero y principalmente a Conditibiracocha, Hacedor del Mundo, como a señor de todo.

Aquel rey Pachacutic, como comenzó a gobernar aquellos reinos, como fueran muchos juntos, como se dirá, lo primero en que puso orden fue en las cosas del culto divino, y para esto quiso informarse de todos los dioses que cada pueblo y provincia y casa tenía; y cuando le venían a dar la obediencia, inquiría qué dioses tenían y ofrecían sacrificio y acudían en sus necesidades. Cada uno le daba cuenta de su dios, diciendo unos que tenían por su dios a la mar, como los pescadores; otros a las peñas altas, o sierras como los labradores y gente serrana; otros a las aves o a tales aves; otros a los árboles o a maderos que ellos labraban; otros había que adoraban las zorras, o leones o tigres, porque no les hiciesen daños y por persuasión de los demonios que en aquellas bestias o en figuras dellas respondían y hablaban con los sacerdotes. Otros, también decían que veneraban a señores que habían tenido, porque los habían blanda y suavemente gobernado; y así poco a poco vinieron en opinión que aquellos eran más que hombres.

Dándole cada uno cuenta de los dioses a quien servían y adoraban, dicen que de muchos de los dioses que le referían se reía y burlaba y dando a entender que aquellas cosas no eran dignas de ser dioses, y así se lo declaró diciendo que era escarnio tener y adorar cosas tan bajas y viles por dioses, y que no los debían de reverenciar ni ofrecer sacrificio; pero que, por no dalles pena, les daba licencia que los tuviesen como antes los tenían, si quisieren, con tal condición que sirviesen y reverenciasen por sumo y mayor dios que todos los dioses al Sol. Porque, decía él, que el Sol era la mejor cosa de todas y la que más bienes y provechos hacía a los hombres, por lo cual los hombres eran obligados a servirlo y venerarlo más que otra cosa alguna por Dios y señor. Y para inclinarlos más a la veneración y reverencia y aceptación por cosa más veneranda que otra, después de Dios, al Sol, por su mismo ejemplo dedicó luego las casas que tenía en la ciudad del Cuzco de su padre y abuelo, y predecesores, donde al presente, su padre, que aún era vivo, y él habitaban, para templo del Sol; de las cuales se salieron y en ellas hicieron aquel solemnísimo, riquísimo y admirable templo, de que arriba en el capítulo II hicimos mención. Estas Casas y Palacios reales hasta entonces se llamaban Chumbichuncha, y de allí adelante se llamaron Coricancha, que quiere decir «cercado de oro», porque hizo labrar en muchas piezas excelentes más y mayores que las que había de piedra maravillosamente labrada, cercadas de planchas de oro y plata enrededor, y por mezcla en algunas partes se puso plata, como en el capítulo II ya se refirió.

Puso en una pieza muy rica y señalada dellas la estatua del Sol, de bulto, toda de oro, con el rostro de hombre y los rayos de oro como se pinta entre nosotros. Esta sacaban algunas veces al Sol, porque decían que le comunicaba el Sol verdadero a aquel de oro su virtud. Hacíanle cada día dentro de aquella capilla o pieza rica grandes sacrificios, como se dirá. Mandó hacer mucho número de mazorcas de maíz, todas de oro fino, que estaban delante del Sol. Tenía dentro del mismo templo o del circuito de los edificios una huerta mediana, que hoy también vive, trayendo la tierra muy fértil de muy lejos para plantalla, y para la regar se trajo una fuente de luenga distancia por caños labrados de maravilloso artificio, que hoy también sirve de su oficio en la misma huerta. En esta huerta se sembraba cada año maíz y otras sementeras para comida, que se ofrecía todo al Sol en sacrificio. Esta huerta cavaba y sembraba con sus propias manos el mismo rey Pachacutic Inca y sus hermanos y deudos más cercanos, y esto estimaban por grande honor y dignidad, así en el tiempo del sembrar como en el de la cosecha. En estos dos tiempos se hacían grandes fiestas, convites, alegrías y regocijos.

Puso en este templo, para servicio del Sol, gran número de mujeres y doncellas, hijas de señores, unas, las más principales, consagradas para mujeres del Sol; otras para criadas y sirvientas suyas; otras para criadas destas mujeres; otras para criadas de sus criadas. Sus mujeres y criadas le servían haciéndole ropa muy rica labrada por maravilla, y vino y las comidas que le ofrecían. Todas estas mujeres y criadas eran doncellas vírgenes, y guardábase con tanto rigor, que si se quebrantara se tuviera por inexpiable delito, y no se castigara con menos que con crudelísima muerte. Afirman nuestros religiosos, muy entendidos y expertos en aquella lengua, que muchas veces oyeron afirmar a los viejos dellos, nunca haberse hallado jamás falta en esto en aquellas mujeres. Era inestimable honra y dignidad ser del número dellas. Llamábanse mamaconas, que en su lengua quiere decir señoras Madres. Puso eso mismo en aquel templo sacerdotes que celebrasen y ejercitasen su oficio cerca del culto del Sol. Adornolo de maravillosos y ricos y grandes vasos de oro y plata para servicio del Sol. Finalmente, lo proveyó en edificios, vasos, ministros varones y mujeres, riquísima y abundantísimamente, como prudentísimo y religiosísimo, devoto y magnánimo rey o señor. En tanto grado se halla este rey haber sido estudioso y vigilante cerca del culto del Sol, tenido cuasi por Dios, aunque falso Dios, que afirman los nuestros que pluguiese al verdadero Dios, que, a ejemplo de aquel que le ignoraba, nosotros que por su benigna condescendencia le conocemos, cerca de su servicio fuésemos tan solícitos y devotos como él lo era para con el Sol, que creía, y estimando erraba, ser poco menos que Dios, o quizá lo igualaba con Dios, aunque confesaba haber sido hechura del verdadero Dios.

Hizo edicto público y universal en todos sus reinos y señoríos, mandando a todos los señores y sus antiguos sujetos, y a todos los que de nuevo por sus nuevas y fama loable, venían a se le sujetar, que cada uno hiciese en los pueblos de su señorío y gobernación, conforme a la calidad del Pueblo, un templo al Sol, y lo adornase y proveyese de suficiente servicio, sacerdotes y otros ministros, a la manera de aquel que en la ciudad del Cuzco él había constituido; y que puesto que les dejaba los dioses antiguos que cada uno tenía, esto no era porque aquellos fuesen dioses, sino por condescender con ellos y contentarlos; por tanto, que ya que se quedasen con aquellos, tuviesen por principal Dios y señor al Sol y como a tal le edificasen los templos y adorasen y sirviesen. Lo cual se puso así por obra por todas las tierras de su señorío, que ni poco ni mucho era sino unas mil y tantas leguas.

Y así, en cada provincia, aunque había templos dedicados a particulares dioses, siempre el más principal y suntuoso y de mayor veneración era el del Sol a ejemplo y semejanza del que el gran rey constituyó, en la ciudad real del Cuzco al Sol. Del cual está hoy en pie la mayor parte de los edificios, aunque no con la riqueza y servicio que antes tenía, porque allí se hizo un convento de la Orden de Santo Domingo; pero hay hoy vivos algunos viejos, que eran de los dedicados al servicio de aquel templo, y viejas de las vírgenes mamaconas.

Digna cosa es ésta de mucha consideración, que un hombre sin fe ni conocimiento del verdadero Dios, o al menos no parecía que tenía más que los otros, con sola la lumbre de la razón natural conociese que aquellas cosas que los otros estimaban y servían por dioses, no merecían tal reverencia y servicio como se debe a Dios; y ya que él erraba, escogía al menos la más excelente de las criaturas por Dios, entendiendo y confesando tácitamente, que la cosa que en las cosas es la mejor, aquella merecía y merece ser Dios; y cuanto más que, como arriba queda dicho, expresamente conocía que el Sol era criatura del verdadero Dios.

Consideremos también, que si aquél alcanzara fe y conocimiento del verdadero Dios, ¿qué fueran los templos, cuáles los ministros, cuántas las riquezas, las ceremonias, los sacrificios que constituyera por honra del divino nombre y ejercicio de la cristiana religión? Al menos, creíble cosa es, que si no pudiera hacer más y mejores las cosas, hiciéralas con mayor certidumbre y confianza de la remuneración, y más íntima y suave devoción que las hacía por el Sol.

Con esto cierro la materia y relación de los dioses de más de tres mil leguas de tierra destas nuestras Indias; lo cual basta para conjeturar que todas las demás naciones que hay, de que aún no tenemos noticia, serán en esto semejantes a las referidas, poco menos o poco más.

Capítulo VIII. De otros templos famosos que había en el Perú, su forma y edificio

Resta, para concluir esta materia de templos, referir en breve lo mucho que había que tratar de los templos solemnísimos y riquísimos más que alguno pueda con exceso encarecer, que tenían las ciudades y pueblos celebratísimos de los reinos del Perú. Y solo se ofrece decir de la forma de sus edificios, la cual no del todo se me ha expresado, porque los primeros que allí entraron no curaron de la especular.

Dos maneras de templos hubo en aquellos reinos, que diferían en la forma, una dedicada a los dioses antiguos que aquellas gentes, antes que reinasen los reyes Incas, reverenciaban por dioses, y otra los templos consagrados al Sol. Ya queda dicho arriba, cómo, cuando comenzó a reinar aquel prudentísimo y religioso rey Pachacutic, primer Inca, quisiera quitar todos los dioses de la tierra, por parecelle que no merecían ser dioses, pero por no dar pena ni entristecer a los pueblos, permitió que se quedasen cada uno con los suyos, con tanto que recibiesen y venerasen al Sol por verdadero y principalísimo Dios. Y para diferenciarlo de los otros dioses, ordenó muchas ceremonias, sacrificios y servicios y ministros servidores, y otras cosas cuantas pudo.

Entre aquellas fue una, conviene saber: que los templos se le edificasen de otra manera y en otros lugares que a los otros dioses (de quien él burlaba) solían edificarse. A los otros edificaban los templos dentro de los pueblos y en lugares llanos y bajos. Todos los aposentos y retretes y partes dellos eran muy menudos y oscurísimos, que a cualquiera que hubiese de entrar en ellos, había primero de se angustiar y temblarle las carnes. Bien parecía que el que allí quería ser reverenciado, en tinieblas vive y en tinieblas anda; y a los que le sirven, a las tinieblas sempiternas negocia de llevar.

Pues como el rey Pachacutic estimase de aquellos dioses o que eran falsos o que eran malos, como en la verdad lo eran, porque el Demonio en algunos aparecía y quería ser adorado, y tuviese al Sol por dios bueno y mejor que los suyos, y, por consiguiente, siempre quisiere de aquellos diferenciarle, mandó hacer los templos del Sol siempre en los lugares más eminentes y altos; esto es, que los mandaba edificar en los cerros que las ciudades por su eminencia y altura señoreaban; y si cerros o sierras no había naturales, por ser la tierra toda llana, mandaba hacer los altos de tierra junta mucha, que se allegaba con industria humana. En el cerro o sierra natural o hecho industriosamente de tierra aquel mogote alto, la forma del templo desta manera se ordenaba: Hacíase una cerca de pared muy gruesa y redonda, de cinco o seis estados alta; dentro de aquella y apartada por alguna distancia, se edificaba otra, también redonda, y, según la proporción que convenía, alta; y en algunos templos se hacían cinco cercas, y la postrera ya era en lo postrero del cerro, que era suelo llano o porque lo allanaban. Allí, en aquel suelo, edificaban cuatro cuartos en cuadra, como los que tienen en los monasterios los claustros. Las paredes tienen muchas ventanas y muy grandes por donde entra la luz y están todas las piezas muy claras.

Dentro de aquel cuadro o cuartos estaban los altares, y allí era la Sancta Sanctorum del Sol. Estaban cubiertos de su madera muy bien labrada, cómo el que llamamos zaquizamí en nuestra España. Tenía el templo dos grandes portadas por donde se entraba, y subían a ellas por dos escaleras de piedra mucho bien labradas, cada una de treinta gradas. Todo lo alto del zaquizamí estaba cubierto de planchas de oro, el suelo y las paredes lo mismo, y muy pintadas, y en ellas ciertos encajes donde se ponían ovejas de oro y otras piezas dello, que se ofrecían al Sol. A una parte del templo había cierta pieza como oratorio hacia la parte del Oriente donde nace el Sol, con una muralla grande, y de aquella salía un terrado de anchura de seis pies, y en la pared había un encaje donde se ponía la imagen grande del Sol de la manera que nosotros lo pintamos, figurada la cara con sus rayos. Esta ponían, cuando el Sol salía, en aquel encaje las mañanas, que le diese de cara el Sol; y después de mediodía pasaban la imagen a la contraria parte, en otro encaje, para que también le diese cuando se iba a poner, el Sol de cara.

Dentro de las dos cercas que primero dijimos, estaban los aposentos de los sacerdotes y de las vírgenes consagradas al Sol, y de los otros minis-tros y servidores y oficiales del templo, y oficinas para labrar y guardar las joyas y las ropas de lana finísima y de algodón para el Sol, y para bodegas de los vinos y las aves y otras cosas vivas y no vivas que se le ofrecían y sacrificaban, que eran cuasi sin número. Y éstos eran anchos y grandes, y así, el número y circuito y capacidad de todo el templo y de los aposentos y cámaras o piezas dél, no podía ser sino muy grande; y todo ello era muy claro por todas partes, para diferenciar (como dijimos) el templo del Sol, que a todas las cosas hace claras, de los templos de los otros dioses, que eran todos oscuros y tristes y atenebrados.

Esto pareció muy bien cuando los primeros españoles en el Perú entraron y llegaron a la ciudad de Pachacama, donde hallaron el templo del dios Pachacama o demonio, que así se llamaba, el cual estaba muy oscuro y hediondo y muy cerrado, a donde tenían un ídolo de palo hecho, muy sucio y negro y abominable, con el cual tenía mucha gente gran devoción, y venían a servile y adorale de trescientas leguas con sus votos y peregrinaciones y dones y joyas de oro y plata.

Creyeron los españoles, y así debía ser, que el Demonio entraba en aquel ídolo y les hablaba. Y habíales hecho entender que él era el que había hecho la tierra y criado los mantenimientos y todo lo que en ella está; y así, Pachacama quiere decir en aquella lengua «Hacedor de la tierra». Y después que por la ida de los religiosos y por su predicación, plugo a Dios que algunas gentes de aquellas se convirtiesen, hizo mucho del enojado y fuese a los montes o al Infierno, que siempre trae a cuestas, no queriendo muchos días venirles a hablar. Pero viendo que por aquella vía perdía más que ganaba, determinó llevar otro camino y apareció a quien solía, que son los sacerdotes, a quien suele (como queda dicho) primero engañar, y díjoles: «Yo he estado de vosotros muy enojado, porque me habéis dejado y tomado el dios de los cristianos, pero he perdido el enojo, porque ya estamos concertados y confederados el dios de los cristianos y yo que nos adoréis y sirváis a ambos, y a mí y a él que así se haga nos place». Porque se vea cuantas mañas y cautelas tiene aquel malaventurado para llevar consigo las ánimas. Sabía bien que por esta vía y con esta industria, no solo no perdía nada, pero ganaba mucho más; porque, bautizándose la gente y bautizados adorando los ídolos juntamente, a Dios causaban mayor ofensa y mayores tormentos a los que por este camino engañaba. Y que usase deste nuevo engaño débese tener por verdad, porque nuestros religiosos por cierto lo averiguaron.

El templo del Sol que allí había, estaba deste sobre un cerro hecho a mano de adobes y tierra bien alto desviado, con cinco cercas y maravillosamente labrado, todo muy patente, lleno de luz y claro, según que los reyes mandaban así edificarlos. De la materia de que todos aquellos templos se hacían, y cuán pulida, rica, suntuosa y artificiosamente los edificaban, en los capítulos II y VII queda bien declarado.

Capítulo IX. Sobre la riqueza y hacienda de los templos Ganados

Y en lo de las riquezas que procedían de los ganados pertenecientes a los templos, es tan inmensa la ventaja que a todas aquellas riquezas que de los ganados salían hacían los ganados que los templos de los reinos del Perú dedicados al Sol poseían, y también las muchas y grandes heredades y sementeras de vino y de todas las cosas de mantenimiento, para los sacrificios y sustentación de los sacerdotes y ministros de los templos, que duda ninguna tienen los que de los nuestros de aquello tuvieron alguna noticia y que no subiesen de más en numero de un millón o cuento de ovejas las que había consagradas al Sol en aquellos templos, cada una de las cuales tiene más valor en carne y en grandeza, en lana y su fineza, que cuatro de las nuestras; lo mismo era en las otras heredades y haciendas. Los hatos de éstas tenían sus dehesas muy grandes y muy cumplidas, que llamaban moyas, también dedicadas al Sol y como cosas sagradas y diputadas al culto divino, donde pacían; y los pastores, cuyo nombre era michi, que las guardaban, diligentísimos en la guarda y en la conservación dellas fidelísimos; y aunque anduviesen sin guarda, ninguno fuera osado a hurtar o hacer menos una ni ninguna, ni aun una verija de lana dellas, que no creyera ser luego hundido debajo de la tierra. Y esto era harto de maravillar, por la creencia, reverencia y devoción y fidelidad que al Sol, que por dios estimaban, tenían; lo cual es más de estimar que los milagros que dice Tito Livio que cerca de los ganados de la diosa Juno hacerse fingían. Que también los templos del Sol, no uno, sino muchos, y todos los de las provincias del Perú, al segundo de que habla Tito Livio edificado y dedicado a Júpiter en Antioquía, en magnificencia y riqueza hayan excedido, parece muy claro por las muchas, ricas, admirables y nuevas cosas que de aquellos templos en los capítulos II y VII quedan referidas.

De aquel de Júpiter dice Tito Livio que tenía el zaquizamí labrado de oro y las paredes con hojas de oro cubiertas o cerradas, pero que hubiese oro en el pavimento o suelo no dice nada. De los templos del Perú sabemos de cierto ser verdad que no solo el zaquizamí y las paredes estaban cubiertas y enforradas de oro, pero el suelo sobre que se andaba era de oro fino cubierto y aforrado. Y es aquí de notar, que las láminas de oro de que dice Tito Livio que «estaban cubiertas las paredes de aquel templo de Júpiter», significan en latín comúnmente hojas delgadas como las hojas de Milán; pero las piezas de que estaban cubiertos aquellos templos del Perú, no eran hojas que pudiera pesar cada una, cuando más pesara, 10 castellanos, sino eran planchas de tres palmos de largo y de un jeme bueno de ancho y de un dedo de grueso o de alto, de la hechura de los espaldares de nuestras sillas de espaldas, que cada una pesaba 500 castellanos, como queda declarado.

Y ¿qué comparación puede haber de la riqueza y magnificencia de aquel templo que así encarece Tito Livio y de todos los demás, que fueron, cuando muchos, tres o cuatro o cinco los que hallamos muy celebrados entre los idólatras y gentiles antiguos, al templo de gran majestad que había pasada la provincia de Pasto, hacia la de Quito, del cual agora se ven aún las señales de planchas de oro y plata en las paredes, donde parece haber estado todas chapadas y cubiertas de oro y plata; donde también hubo grandísima copia de vasijas de oro y de plata para los vinos y las otras cosas de los sacrificios y servicios del templo? Era cosa en el mundo nunca vista ni oída entre los antiguos gentiles, según el número, cantidad, diversidad, hechura y grandeza y riqueza dellas de que estaban todos los templos del Sol proveídos. De los cuales mucho número y admirables piezas en hechura y grandeza en esta isla Española vimos; pero muchas más y de admiración dignas se vieron por todo el mundo (porque así lo diga) no una, sino muchas naos descargar, que iban cargadas dellas, en Sevilla.

Hicieron los templos destos nuestros indios a todos cuantos edificaron y tuvieron los idólatras antiguos señalada y extraña ventaja. Los templos de la provincia del Quito, lo mismo. El templo de la ciudad de Tacunga, adelante del Quito, donde allende las chapas o planchas de que las paredes eran cubiertas, estaba mucho número encajadas en ellas de ovejas y otras figuras de bulto, todas de oro fino. ¿Qué comparación puede haber deste templo al de los antiguos? Y el templo famosísimo y nunca otro tan rico jamás imaginado cuanto menos oído ni visto, que estaba en la ciudad de Thomebamba, las paredes del cual no solo eran chapadas y cubiertas de oro y esculpidas en ellas muchas figuras, pero encajadas muchas ovejas y corderos y aves diversas y manojos de pajas, todo de fino oro; y en muchas partes del templo, mayormente en las portadas y en algunas piezas señaladas, número de esmeraldas y otras piedras de diversas especies preciosas, puestas y asentadas, y todo hecho y labrado por maravilloso artificio, allende de otras muchas piezas pintadas con donosos colores, que el oro las ilustraba y hermoseaba. Pues las tinajas y cántaros e infinitas otras vasijas de oro y de plata con otro mucho tesoro, ¿quién lo apreciará? ¿Pues qué comparación se puede hacer deste tal templo a cuantos en el universo mundo se alaban? Bien, será, pues, que los que fueren prudentes juntamente y de buena voluntad, concedan a este templo la ventaja, y a los que lo constituyeron juzguen no por de menos juicio y sutileza de ingenio que a las mas sutiles y prudentes naciones antiguas e idólatras pasadas; antes pueden colegir argumento desto y de muchísimas otras cosas de las ya dichas, para tener a estas gentes por más vivas, sutiles, prudentes y racionales.

Y aunque aqueste ya encarecido templo sobre para mostrar la ventaja que a todos los del mundo que los infieles tuvieron hace, considérese otro que a éste y los demás sobrepujaba, que tuvo nombre Pachacama. Este fue de los más antiguos, y quizá el más que todos antiguo de todos aquellos reinos, y con quien mayor devoción y más universal, aun antes de la gobernación de los reyes Incas (sic) se tenía. Ya arriba queda dicho que solían concurrir a él las gentes de trescientas leguas en romería con sus votos y con sus dones, como al mayor y más estimado y único santuario donde creían recibir remisión de sus pecados y salud para sus ánimas. Éste, allende tener la hechura y edificios, oro y plata y vasos riquísimos y todo el ornato y atavío que el pasado y que los otros, tenía más debajo de sí, en algunos soterraños, grandísimos tesoros, por la infinidad de las joyas de oro y plata que de tantas tierras y de tantas gentes cada día se le ofrecían; y puesto que el pasado y otros muchos eran riquísimos, pero éste a todos en riquezas excedía. De aquí fue originada la grande y extendida fama que por todos aquellos reinos de las riquezas ayuntadas en este templo, sobre todos los demás florecía; por lo cual principalmente Francisco Pizarro envió a su hermano Hernando Pizarro, luego que entraron en la tierra, más que a otra parte, para que cogiese las riquezas, que no habían sembrado ni sudado, que había (como ellos decían y escribieron) en esta mezquita. Dícese, y así por algunos se ha escrito, que aunque Hernando Pizarro halló y sacó deste templo, y después dél otros, gran suma y peso de oro y plata; pero que cuando él llegó, ya estaba puesto en cobro por los sacerdotes y señores la mayor cantidad de los tesoros, que se cree haber sido sin número. Algunos dicen que se alzaron más de cuatrocientas cargas.

Pues el templo de Vilcas, donde había la muy rica figura del Sol, y los Asientos reales en una piedra de once pies de largo y siete de ancho, cubiertos de joyas riquísimas de oro y de piedras preciosas adornados, y cuarenta porteros que lo guardaban, y cuarenta mil personas por todos los que para el servicio del templo y de los Palacios reales estaban deputados. Item el celebratísimo y real templo del Cuzco, Ciudad real y cabeza de aquellos reinos y que tanto quisieron noblecer y adornar y enriquecer los reyes Incas, el cual fue fundado y ampliado en los Palacios reales, como arriba queda dicho, y de donde tan extrañas riquezas e incomparables tesoros se sacaron, como vimos de lo cual principalmente se hinchó una casa o sala o cuadra que tenía veinticinco pies en largo y quince de ancho, y era tan alta que un hombre alto no llegaba a ella con un palmo, que fue lo que se ofreció el rey Ataбалipa dar, cuando lo prendieron los españoles, porque lo soltasen, y de plata diez mil indios cargados y que se hiciese un cercado en medio de la plaza, y que lo henchiría de tinajas y cántaros y otros diversos vasos de plata; y esto cumplió y mucho más de lo que había ofrecido; qué templo en todo el Orbe, aunque fuese soñado o de industria compuesto y fingido, se pudo comparar con éste. Y no solo aqueste tan estupendo y nunca suficientemente loable ni encarecible había solo en aquella ciudad del Cuzco y pero muchos otros menos principales, aunque de oro y de plata toldados y cubiertos, y de vasos grandes y chicos muy proveídos y muy ricos. Tampoco, y aun mucho menos, tuvo alguno de todos los del mundo cualidad ni cantidad ni riqueza para poderse comparar al templo del Tambo, en el valle de Yucay, cuatro o seis leguas de la ciudad del Cuzco, donde los reyes, por su templanza y amenidad, lo más del tiempo conversaban; cuyo edificio fue construido de aquellas monstruosas y espantables piedras que en el capítulo II dimos relación, las cuales tenían por mezcla, a vueltas de cierto betún, oro derretido, de donde los españoles hubieron mucho oro antes que los indios hubiesen derrocado muchas partes de aquellos edificios.

Este fue muy rico templo y muy nombrado y afamado, y por las señales que en los muros y paredes y edificios y piedras dellos y otros vestigios y riquezas de oro, y plata que dél se hubo, y la fama que tenía, y tener los reyes más afición a la morada y habitación de aquel valle, por ser tal la tierra y ser los Aposentos reales allí suntuosísimos y los reyes al Sol devotísimos, se arguye haber sido este templo mucho más que los pasados o que los más dellos riquísimo y venerabilísimo; sino que los nuestros no curaron de mucho escudriñar estos secretos, como estuviesen tan ocupados en allegar el oro y plata que podían, viniese de donde viniese.

Capítulo X. Del sacerdocio y de los ministros de los templos y dioses

Del sacerdocio y ministros de los templos y dioses de los reinos del Perú, no se ha podido colegir su cierto orden, su número y distinción, más de que había sumo sacerdote, que llamaban en su lengua vilaoma, y otros sacerdotes a aquel sujetos e inferiores, y aun esto no se sabe decir en particular; los sacerdotes que había dicen que eran casados. La causa fue, que, como las riquezas que había en aquellos reinos fueron las mayores que juntas se hallaron en todo el mundo, y éstas, por la mayor parte, poseían los templos, y las guardaban y conservaban los sacerdotes, como los nuestros entraron tan de súpito y todo su principal negocio era recoger y no dejar punta de todo aquello que fuese y aun que pareciese oro, y lo primero que los sacerdotes, cuando lo pudieron hacer, procuraron, fue trasportallo y ponello en cobro; por miedo de que no los atormentasen, desaparecieron, y así se cuasi enterró aquel nombre de sacerdote. Sucedió la eversión y el deshacimiento y aniquilación (sic) intempestiva, celérrima y momentánea de toda su república, que los nuestros en más breves días que en ninguna de las otras regiones destas Indias hicieron con sus mismas que entre sí tuvieron discordias; y así, como desapareció tan presto el sacerdocio de la manera que se ha referido, no se ha podido alcanzar en particular la distinción y número de sus individuos y su orden. Podrá también haber concurrido alguna inadvertencia de los religiosos que después supieron las lenguas, los cuales, como preguntaron y escudriñaron muchas otras cosas de la religión, no miraron con preguntar lo que tocaba a ésta del sacerdocio. Solamente no se ha podido ignorar, por ser cosa más que otra señalada y muy notoria, la orden que en los templos había de las monjas.

Éstas, según que arriba en el capítulo VII se dijo, eran en cada templo muchas, y entre ellas había distinción y orden y gran religión, consagradas todas al Sol; y oficio tenían de sacerdotes, pues ofrecían sacrificio de muchas cosas que por sus manos obraban para el divino culto y servicio, principalmente del Sol y quizá también de otros dioses. Destas, todo su negocio era obrar de sus manos ropa, de lana finísima para el templo, teñida de diversas y muy vivas y graciosas colores. Hacían del más excelente y fino y delicado vino, para ofrecer en sacrificio al Sol, que en la tierra se usaba, porque diversos vinos parece que entrellos se solían beber y usar.

Servían de noche y de día en los templos del Sol con gran cuidado y solicitud, y de creer es que las ceremonias y devociones que ejercitaban debían ser muchas y muy de notar, pues tan religiosos y diligentes y esmerados y curiosos fueron los reyes Incas cerca del culto divino, mayormente del Sol. Los cuales, en todo lo que perteneció a toda especie de gobernación, en grande manera (como por mucho de lo que queda dicho y se dirá parecer), sobre muchos príncipes del mundo se señalaron; y así, no pudo ser si no que fueron muchas y notables las ocupaciones que para el servicio espiritual que en los templos se había de obrar, los reyes ordenaron. Porque tanto número de vírgenes hijas de señores, que pasaban muchas veces de doscientas, y para el culto divino allí ayuntadas, no habían de estar ociosas ni en obras profanas ocupadas, luego creer debemos que entendían en los sacrificios y tenían muchos ejercicios espirituales.

De tres en tres años se renovaban estas vírgenes desta manera: quel rey, si estaba presente, o su gobernador y virrey, que se llamaba tocrico [tucuiricuc], en su ausencia, hacíalas presentar ante sí, y de las que ya estaban en edad de casarse, escogían tres, o cuatro o cinco, las más hermosas y de mayor dignidad, para mujeres del Sol; apartaba otras tres o cuatro, las de mayor hermosura, para sí mismo el rey, o si estaba ausente, apartábalas el susodicho tocrico o gobernador; las demás casábalas con hijos de los señores, y algunas daba el rey a grandes señores, sus vasallos, aunque tuviesen otras mujeres, lo cual ellos tenían por muy gran favor y merced; las que restaban, que no eran de tan buenos linajes, daba licencia a sus padres para que buscasen con quien las quisiesen casar. Casadas todas las que había para casar, mandaba el señor a los oficiales que dello tenían cargo, que tornase a henchir el número de las vírgenes que faltaban de diez años arriba, hijas de señores, para que, como las pasadas, en el templo se criasen y sirviesen de los oficios en que aquellos se habían ejercitado.

Como arriba en el capítulo VII se tocó, guardaban estas monjas mamaconas en sí, al menos exteriormente, tanta castidad, que se cree no haber habido personas en alguna parte del mundo que más dignamente puedan de esta virtud ser alabadas. Religioso de los nuestros alcanzó a ver y bautizar una destas ya bien vieja y que había sido escogida para mujer del rey Guaynacaba, padre de los reyes Guascar y Atabaliba, y porque murió el rey presto, no llegó a su tálamo, y viviendo ella muchos años después, jamás quiso casarse, y así permaneció en su virginidad; al tiempo de cuya muerte, llorándola un señor hermano suyo, entre otras cosas de que la loaba o causaban lástima, decía: «¡Hermana mía, que mueres virgen a cabo de tantos años!».

Y con esto acabamos lo que de los ministros y sacerdotes de los templos y dioses tenían en su religión supersticiosa estas gentes que arriba comentamos.

Capítulo XI. De las pensiones y rentas para sustentación de los sacerdotes y otros ministros de los templos, reparación de sus edificios y gastos del culto

Y porque los templos y sacerdotes y ministros de los dioses, que eran muchos (como parece por lo dicho), hacían muchos gastos, necesaria cosa es dar noticia de qué o de dónde se mantenían y proveían. Para sustentación, pues, de los sacerdotes y otros ministros y para refección y reparación de los edificios y para los otros gastos ordinarios que en los templos se hacían, había en los reinos del Perú provisiones y réditos propios de los templos y sacerdotes de aquellos reinos; y puesto que no nos conste muy en particular cuántas ni cuáles fueron, podemos, empero, de la gran religión que los reyes allí tuvieron y devoción a los templos del Sol, y de la señalada prudencia y solicitud que tuvieron en la gobernación conjeturar que no fueron cualesquiera, si no muy grandes, opulentas y copiosas más que en ninguna otra parte, cuanto más que de lo poco que vieron aún los nuestros, de que arriba hemos hecho alguna mención, podemos tener por constante.

Tenían, pues, los templos de los reinos del Perú, mayormente los consagrados al Sol, grandes heredades y en las más fértiles y gruesas tierras para sus trigos o maíz y las otras cosas de comida y cosas que se habían de sacrificar; las cuales, primero que las de los reyes se mandaban labrar y cultivar, cuyo cargo tenía toda la comunidad de la provincia. Para la cosecha y guarda o encerramiento de los frutos, había grandes trojes y graneros reales. De estas se mantenían los sacerdotes y ministros del templo y suplíanles otros gastos que se habían de hacer.

Tenían también grandes hatos de ganados, carneros y ovejas de todas especies, como en el capítulo IX se refirió, para los sacrificios que se hacían en honor del Sol y mantenimiento de los sacerdotes y ministros y de las monjas y los demás servidores. Estos ganados eran innumerables en cada provincia y pueblos, y si se hubieran de vender, fueran de grandísimo valor.

Todas las dichas heredades y ganados, y pastores que los guardaban, tenían título de ser dedicados para servicio del Sol; y así, se llamaban las heredades, los ganados, las dehesas, los hatos, los pastores del Sol.

Más particularidades de lo que está dicho no habemos podido alcanzar; por esta cuasi generalidad desto y de lo demás se podrá mucho entender y juzgar.

Capítulo XII. De los sacrificios, ritos, adoraciones, fiestas religiosas

Réstanos de aquí adelante por referir, para fenecer la materia que traemos entre manos, los sacrificios que las naciones infinitas de los reinos del Perú ofrecían a Dios y a sus dioses. Para comienzo de lo cual, hase de considerar que dos estados tuvieron aquellos reinos principales: uno fue antes que los reyes Incas comenzasen a reinar, cuando las gentes dellos vivían más simple y rudamente contentándose con solo natural, sin tanta delicadez de policía como después introdujeron los reyes Incas. En este tiempo primero fueron muy religiosos para con sus dioses, los cuales arriba dijimos, hablando dellos, eran los buenos señores que bien y amorosamente los habían gobernado, y otros, en cuyo error la ignorancia e industria de los malos ángeles los había precipitado. A éstos servían con gran vigilancia, y en cuanto ellos podían los agradaban o agradarlos imaginaban mayormente los habitadores de la sierra y los que cerca de la mar moraban. Los primeros, porque los dioses les diesen los frutos de la tierra; y los de la costa, que comúnmente suelen ser pescadores, porque les deparasen buenos lances de pescado y los guardasen de los peligros de la mar; por lo cual tenían sus templos en ciertas isletas. Las ofrendas y sacrificios que les hacían eran de ovejas, de plumas pintadas, de maíz, de vino, y de ropa hecha de lana de muchos colores, y de todas las otras cosas que ellos tenían entonces por preciosas. Nunca se ha entendido que por aquellos tiempos se ofreciesen hombres.

El otro estado y tiempo fue después que comenzaron a señorear y gobernar los reyes Incas, los cuales en lo temporal y espiritual fueron muy delicados y muy proveídos en la orden que dieron en su policía. Desde aqueste gobierno destos reyes Incas, comenzó la religión, así como todo lo demás, a florecer y afinarse más que en los tiempos antiguos. Fueron, pues, los sacrificios destos tiempos postreros en dos maneras: unos generales, que se ofrecían por toda la república y en su nombre; otros, particulares, que cada persona particular ofrecía por su devoción y según sus necesidades.

Los generales fueron en tres maneras: porque unos eran cuasi diarios y comunes; otros, en ciertos tiempos del año; otros en tiempo de algún infortunio y necesidad de hambre, o enfermedades o semejantes adversidades. Los comunes eran como haciendo gracias a los dioses, principalmente al Sol, por los beneficios recibidos y que se recibían cada día; y éstos eran de cosas comunes, como de unos animalejos que parecen gazapos de conejos, que en la lengua de la isla Española llamaban curies (la penúltima sílaba luenga), y sebo de animales, ovejas y carneros, uno o dos dellos. Estos sacrificios se ofrecían en los templos principales del Sol cada día, quemando todas aquellas cosas los sacerdotes que estaban deputados para ello. También ofrecían de sus vinos en mucha cantidad, y ofrecíanlo desta manera: que tenían en los templos una pileta de piedra muy linda, debajo de la cual había un sumidero, donde lo derramaban y se consumía.

Otros sacrificios se ofrecían en ciertos tiempos, unos cada mes al principio que parecía la Luna: éstos eran de las mismas cosas, puesto que en mayor cantidad como tres veces más de lo común de cada día. Otros eran más grandes, dos veces en el año (conviene a saber), una cuando hacían sus sementeras, porque fuesen fértiles y prósperas; y otra cuando las cogían, porque se las había dado de Dios o el que ellos pensaban que lo era.

Estos sacrificios eran de las mismas cosas, pero en mucho mayor cantidad y copia, y de otras cosas particulares, como de la yerba coca, que tanto entrellos vale y es preciosa. Ofrecíanles también ropa de lana hecha en vestidos; vestidos de varón si fingían el ídolo ser hombre, y de mujer, si la fingían diosa mujer.

Tenían otros sacrificios generales en los tiempos de gran necesidad, de hambre o mortandad, la cual, si era muy grande, sacrificaban niños y niñas inocentísimas, que no tuviesen pecado alguno; y éstos sin los animales y las otras cosas, porque tales sacrificios eran más que otros copiosos, siempre más o menos, según el infortunio que ocurría era mayor o menor.

Todos estos sacrificios eran de bienes de la comunidad, y para que siempre hubiese provisión, había ovejas en gran número, y otros animales que el rey había mandado recoger de todo el reino y de las ciudades, dedicados y consagrados a esto de muchos años antes. Daban también de sus ganados para estos sacrificios, por su devoción, muchas personas particulares. Todo lo cual se contaba y se hacía trato o tratos dello, y con aquel título se guardaba y beneficiaba.

Ya dijimos arriba en el capítulo VII, donde hablamos de los dioses, cómo en aquellos reinos principalmente se adoraba Conditiviracocha, que tenían ser el Criador del Mundo y señor dél y de todas las cosas; y que el Sol decían ser el mayor y mejor criado suyo, el cual hacía todo lo que su señor Conditiviracocha le mandaba y que hiciese ordenaba. Y así, todos los sacrificios que hacían, principalmente al Criador y señor de las cosas Conditiviracocha los enderezaban. A éste, pues, en especial, tenían costumbre de sacrificar cada Luna nueva, cuatro o cinco hombres, mujeres y mancebos, todos vírgenes, que no tuviesen alguna mancha de pecado. Éstos sacrificaban en dos isletas que había en dos lagunas, la una en el Collao, cuyo templo se llamó Titicaca; la otra laguna es en la provincia de los Carangas, al Sol, que era el principal, criado de Dios Criador, honraban y sacrificaban grandes sacrificios, quemándole ovejas, carneros y sebo, coca y otras cosas muchas, cosas ue se podían quemar; vino y de lo mejor de sus vinos. Ofrecíanle chaquira, que son unas cuentas muy menudas comí o aljófar muy menudo, y aquella de oro, que es de las más artificiosas y preciosas que ellos hacen y en más estiman. Algunas veces, dicen, que, aunque muy raro, le ofrecían algún hombre. Pero para más dar a entender, porque es digno de oír y nuestros españoles vieron una fiesta que hacían al Sol, dándole gracias, mayormente por la cosecha de los frutos, será bien aquí referilla.

Había un llano a la salida de la ciudad del Cuzco, hacia donde sale el Sol, al cual sacaban en amaneciendo todos los bultos de los reyes y señores pasados que estaban en los templos de la ciudad, que eran muchos. Los más dignos y de mayor autoridad ponían debajo de muy ricos toldos hechos de pluma, por muy lindo artificio hermosos y labrados. Desta toldería y de una banda y de otra se formaba una gran calle, que ternía un tiro bueno de herrón de treinta pasos de ancho. Salía el rey Inca con más de trescientos señores, todos orejones caballeros de gran nobleza y sangre, a los cuales ninguno se allegaba, por señor que fuese, si era de otro linaje. Hacían dos coros estos señores, como procesión, en medio de la calle, tanto a una como a otra parte. El rey Inca tenía su tienda en un cercado con una silla y escaño de oro muy rico un poco apartado de la hila de los dos coros. Salían todos aquellos caballeros orejones muy ricamente vestidos con mantos, camisetas ricas de argentería y brazaletes y patenas en las cabezas, de oro fino muy relumbrante. El rey siempre salía más rico que todos. Salidos allí, estaban muy callando esperando que saliese el Sol, el cual, así como comenzaba a salir, comenzaban ellos a entonar con gran orden y concierto un canto, meneando cada uno dellos un pie a manera de compás, como nuestros cantores de canto de órgano. Y como el Sol se iba levantando, ellos entonaban su canto más alto, y al entonar, levantábase el rey con grande autoridad y poníase en el principio de todos y era el primero que comenzaba el canto, y como decía, decían todos. Y ya que había estado un poco en pie, volvíase a su silla y allí estaba negociando y despachando a los que negocios traían; y algunas veces, de rato en rato, íbase a su coro, y estaba un poco cantando y volvíase a su silla y negociaba y proveía lo que ocurría ser necesario. Y cuanto el Sol se iba encumbrando hasta el mediodía, tanto, levantaban ellos las voces; y de mediodía abajo las iban ellos bajando, teniendo gran cuenta con lo que el Sol caminaba; y así estaban todos cantando desde quel Sol salía hasta que se ponía del todo.

En todo este tiempo se hacían grandes oblaciones al Sol. En una parte donde cerca de un árbol estaba un terrapleno, estaban unos indios que en un gran fuego echaban muchas carnes de ovejas donde las quemaban y consumían en él. En arte mandaba el rey echar muchas otra ovejas a la gente pobre que allí estaba llegada, que anduviesen a la rebatiña, quien más pudiese haber, cosa que causaba mucha alegría y pasatiempo. A las ocho del día, salían de la ciudad más de doscientas mujeres mozas, cada una con su cántaro nuevo grande, que cabía más de arroba y media, llenos de chicha, que es su vino, embarrados, con sus tapaderos, los cuales todos eran todos nuevos y de una misma forma y manera y con un mismo embarramiento. Venían éstas de cinco en cinco con mucha orden y concierto, esperando de trecho en trecho, y ofrecían aquello al Sol y muchos cestos de la yerba coca, que ellos tienen por tan preciosa.

Hacían muchas y diversas ceremonias, que serían largas de contar, y baste decir que, a la tarde, cuando el Sol quería ponerse, mostraban ellos en el canto y en sus meneos gran tristeza por su ausencia enflaqueciendo de industria las voces mucho; y ya cuando del todo desaparecía el Sol de la vista dellos, hacían una grande admiración, y alzadas o puestas las manos, lo reverenciaban con profundísima humildad. Luego alzaban el aparato puesto para la fiesta, quitándose la toldería o tiendas y cada uno a su casa se iba, llevando las estatuas a sus adoratorios. Todo esto hicieron ocho y nueve días arreo con la misma orden y solemnidad y autoridad quel primero.

Aquellos bultos o estatuas que ponían en los toldos, eran de los reyes Incas pasados, señores de la ciudad y reino del Cuzco; cada uno de los cuales tenía muchos hombres de servicio, que les estaban todo el día mosqueando con unos ventalles de pluma de cisnes de espejuelos, muy ricos. Ternían también sus mujeres mamacomas en cada toldo doce y quince, las monjas y beatas que habemos dicho.

Concluidas todas las fiestas, el último día llevaban muchos arados de mano, los cuales antiguamente solían ser de oro, y acabados los oficios, tomaba el rey un arado y comenzaba a romper y arar la tierra, y lo mismo hacían todos los otros señores, para que de allí adelante por todos sus reinos hiciesen lo mismo; porque sin que el rey hiciese esto, ningún hombre había que osase arar la tierra ni tocar en ella, porque tenían por cierto que ningún fruto daría.

Hacíanle otra manera de servicio y honra: que tenían su imagen o figura hecha de bulto de oro toda, con su rostro de hombre, con sus rayos alrededor, como le pintamos nosotros. Ésta tenían siempre aposentada en cierta capilla dentro del templo muy rica de oro, la cual sacaban ciertas veces al Sol, porque tenían opinión que le daba virtud el Sol, sacándolo a él. Terníanle también hechas mucha cantidad de mazorcas de maíz (como arriba dijimos hablando de los templos), todas macizas de finísimo oro, puestas antes que entrasen donde estaba el Sol. El Sol escondieron los indios que nunca pareció. Dicen los indios que el Inca que está alzado lo tiene consigo. Ningún indio común osaba pasar por la calle del Sol calzado, ni aunque fuese gran señor entraba en las casas del Sol con zapatos. Y esto todo cuanto a los sacrificios generales y comunes.

Cuanto a los particulares que cada uno de su voluntad ofrecía sin necesidad y por su devoción o según la ocasión que se le ofrecía, era sacarse los pelos de las cejas y soplábalas hacia el Sol o hacia el templo; echar plumas pintadas; echar coca; quemar sebo y de (sic) los animalejos dichos curíes. Si la persona que ofrecía tenía más caudal, quemaba ovejas; echar vino de lo que ellos tienen por mejor; ofrecer pedacillos de oro y de plata y de cobre, cada uno del metal que puede y así la cantidad.

Lo mismo era de las comunidades, que según cada pueblo y lugar era poderoso, en bienes y riquezas, así más o menos en los sacrificios se esmeraba. Para cumplimiento de lo cual tenían sus ganados y heredades y bienes hechas y contribuidas (sic) por toda la comunidad. Y esto conforma mucho con lo que el Filósofo dice, en el 7.º de la Política, capítulo 10, De la ciudad bien ordenada (conviene a saber), que los sacrificios que se han de ofrecer a los dioses por la ciudad, se contribuyan y cojan de todos los vecinos, dando cada uno su parte: *praeterea in sacrificiis cultuque, deorum, sumptus comunes esse debeat totius civitatis, etc. Hec Philosophus.*

Todas las veces que comían coca, ofrecían coca al Sol, y si se hallaban junto al fuego, la echaban en él, por manera de adoración o reverencia, como a criatura de Dios. Cada vez que subían algún puerto de nieve o frío, en la cumbre tenían un gran montón de piedras como por altar, y en algunas partes puestas allí muchas ensangrentadas saetas, y allí ofrecían de lo que llevaban. Algunos dejaban allí algunos pedazos de plata, otros, de oro, otros, pelos de las pestañas, otros, de las cejas, otros, de algunos cabellos. Tienen por costumbre caminar por allí con gran silencio; porque dicen que si hablan, se enojarán los vientos y echarán mucha nieve y los matarán.

El fundamento sobre que fundaban toda la veneración del Sol, era porque decían que criaba todas las cosas y que les daba madre. Al agua, porque mojaba la tierra, decían que tenía madre, y teníanle hecho cierto bulto. Al fuego, y al maíz y a las otras sementeras decían que tenían madre y a las ovejas y ganados. Del vino, decían que la madre era el vinagre. A la mar decían que tenían madre (sic) y que se llamaba machimacocha [sic, por mamacocha]. El oro tenían que eran lágrimas del Sol cuando el Sol lloraba.

Era tanta la religión y ejercicio della que aquellas gentes tenían, que si les nacía un hijo o tenían alguna prosperidad o cosa que les diese placer, o habían de comenzar alguna obra, primero ofrecían sacrificios al Sol, por el beneficio recibido, dándole gracias copiosas.

Todos los sacrificios dichos que se hacían a los ídolos y cosas inanimadas, aunque iban todos enderezados, como se dijo principalmente a Conditiviracocha, Criador de todo, también los hacían a los cuerpos muertos de los reyes y de otras notables personas que habían hecho algunos bienes señalados a las repúblicas; para lo cual tenían heredades y hatos de ganados y servicio de hombres y mujeres que las servían, y vasos de plata y oro como lo tenían y eran servidos cuando eran vivos.

Hacían una ceremonia como penitencia cuando se hallaban haber ofendido en algún pecado, y ésta era, que se iban al río y se desnudaban y lavaban todo. Creían, como ya es dicho, muchas naciones, que las aguas tenían virtud de quitar o lavar los pecados; y esta errónea opinión creo que tenían y tuvieron todas estas indianas naciones, pues tan frecuentes y espesas veces se lavaban todos, no solo cuando estaban sanos, pero cuando muy enfermos y como primer remedio y último. Y en esta isla e islas fue muy ejercitada y frecuentada esta ceremonia y uso. Si sentía el pecador que su pecado era grande, tomaba por penitencia y remedio quemar los vestidos que a la sazón tenía cuando lo cometió.

Ya se dijo arriba, cuando de los sacerdotes y monjas que había en aquellos reinos del Perú, cómo ordinaria y perpetuamente aquellas tenían cargo de hacer y labrar muy rica ropa y alhajas y hacer los vinos y tener provisión y abundancia dellos, todo para los sacrificios y servicio y culto del Sol.

Y con todo, esto damos fin a la materia de los sacrificios antiguos de las gentes idólatras antiguas y de las modernas, que para que las convirtiésemos enseñándoles la vía de salvación nos las descubrió Dios: ¡gracias a Dios! Creo que por los unos y por los otros ritos y religión tantos y tan innumerables han sido los que habemos recitado, que no puede descubrirse alguna otra nación que por pocos o por muchos diversos y exquisitos que sean los que a sus dioses ofrezca, que no se pueda reducir a alguna especie de los dichos, y lo mismo de la que más concierne a la religión o superstición.

Capítulo XIII. De la honestidad y recato en la práctica de sus ritos y ceremonias religiosas

Lo postrero que resta para cerrar esta principal y quinta parte de la bien proveída y ordenada república que el Filósofo dice (conviene a saber), del sacerdocio y sacrificios, es cotejar (sic) la religión de los reinos del Perú a las otras gentes antiguas; de lo cual, placiendo a Dios, pronto nos expediremos, porque, aunque fueron muy religiosos y devotos, tuvieron menos ceremonias, y no muchos sacrificios, ni de muchas especies de cosas de que los formaban, ni aun tanto número y diversidad de dioses, como las gentes de la nueva España; y en todo esto dellas fueron los del Perú sobrepujados.

Fueron en su religión y culto, principalmente del Sol, muy solícitos y diligentes, temerosos, humildes, modestos y devotos; fueron lo mismo discretos, prudentes y honestísimos sobre todo. No se hallará que en sus fiestas y sacrificios, ni ceremonias, ni en cosa que tocase a su religión interviniese cosa deshonesta ni desordenada, ni de burlerías y gasajos, sino todo bien ordenado y razonable, con mucho seso y reposo, gravedad y autoridad y atención y duración dispuesto y celebrado, etc., etc.

Capítulo XIV. Del nombre Perú y de cómo se gobernaban las gentes de él en los tiempos primeros de su gentilidad

Queriendo comenzar la relación de la gobernación que las gentes del Perú tenían en tiempo de su infidelidad, y en que las hallaron nuestros primeros españoles que allí entraron, será bien primero acordarnos de lo que queda escrito en los capítulos precedentes de los edificios, de los templos, de la religión, de los dioses y de los sacrificios y de la gente de guerra y de otras muchas cosas que quedan explanadas y otras tocadas, que no podían introducirse y usarse y conservarse sin grande prudencia y sabiduría natural de los gobernantes, y de los gobernados también, y digna de ser a otras muchas naciones puesta por dechado y ejemplo de bien y de muy ordenadas y suficientísimas repúblicas; lo cual, en la memoria reducido, sin que más dello tratásemos, podría y debería bastar sin duda, para que todo el mundo tuviese a aquellas gentes por capacísimas y ordenatísimas y ejercitadas muy mucho en los actos del bueno y sutil juicio de razón, y florecer en todas las tres especies de prudencia monástica, económica y política, de que arriba en el capítulo II y siguientes a la larga queda escrito. Pero todavía más en particular y copiosamente quiero referir la perfección y suficiencia de sus repúblicas, cuanto a la real y única gobernación, según que ya es público, no solo a religiosos, que son los que más desas cosas de los indios antiguos por trabajar de saber las lenguas, para las predicar, penetran y alcanzan, pero a los mismos seglares que a aquellos reinos han pasado: y dellos tengo también por escrito mucho de lo que aquí diré, que me han dado.

Es, pues, de saber, para principio desta nuestra relación, que este vocablo o nombre Perú, por el cual los españoles llaman y significan todos aquellos reinos, no es nombre que los indios jamás conocieron, sino que, porque la primera villa que poblaron y llamaron San Miguel, fue poblada en un valle que los indios llamaban Piura, la última luegua, de allí se originó nombrar los españoles todas aquellas grandes tierras y reinos Perú. Y las tierras y reinos que los nuestros por el Perú, son todo lo que se comprende desde la provincia de Quito, donde fundaron una villa que dijeron de San Francisco y que parte límites y términos con la provincia que dijimos de Pasto, hasta la villa de la Plata con los suyos. Esta distancia, de largo, será de más de setecientas leguas, y de ancho terná, por lo más, ciento y diez o ciento y quince leguas, y por lo menos, más de cincuenta. Esto es lo que llaman nuestros españoles Perú. Y pues hablamos de nombres, digamos aquí cómo aquellas gentes no solo habían puesto nombres a cada provincia, pero a cada pueblo, y no solamente a cada pueblo, más aun a cada cerro y valle y rincón de toda la tierra, que aun no es mal indicio de tener buena policía.

Y cuanto a la especie de su gobernación, es de saber que siempre fue desde su principio real y de uno, que es la más noble y más natural, como muchas veces arriba se ha dicho; y ésta tuvo dos estados, o se hubo de dos maneras. El uno fue a los principios, que duró, según se ha podido examinar por nuestros religiosos, hasta quinientos o seiscientos años. Todo este tiempo se gobernaron aquellas naciones por reyes o señores, y éstos eran como parientes mayores y padres de familias, de quien se puede conjeturar que habían todos aquellos procedido; cuya jurisdicción y poderío no excedía los términos de cada pueblo; y estos pueblos unos eran mayores y otros menores. Teníanles todos gran reverencia y obediencia, y ellos los trataban y amaban como a hijos. Tenían gran rigor en que unos a otros no hiciesen agravios e injusticias, y señaladamente castigaban el hurto y fuerza de mujeres y adulterio. Y esta gobernación es naturalísima como trae Aristóteles cuasi al principio de su Política, de la cual queda en los capítulos de arriba hecha larga mención.

Destos señores y reyes pequeños (que pluguiera a Dios así fueran hoy los de todo el mundo), cada uno tenía su manera de gobierno en su pueblo, según que mejor le parecía convenía al bien público de su comunidad; y así cada uno abundaba en su sentido, según dice cierto decreto de las provincias. Tenía cada pueblo su policía; tenían sus comercios y contrataciones, conmutando unas cosas con otras; tenían sus leyes particulares y costumbres; su peso y medida y cuenta en todo, y lengua particular, por la cual entre sí comunicando se entendían. Tenían poca contratación con otros pueblos y provincias, si no eran éstos muy propincuos. Vivían a los principios muy pacíficos pueblos con pueblos, contentos cada uno con lo que tenía; después hubo entre unos pueblos y otros algunas guerras y discordias (porque los hombres, desde la primera quel Demonio tuvo con nosotros, por simples y buenos de su naturaleza que sean, siendo muchos y se multiplican mucho, no se pueden evadir que algunas veces no rifen), principalmente sobre aguas y tierras y términos dellas. De donde vino que hacían sus pueblos en los cerros más altos y en peñas, donde subían los mantenimientos y bebida con harto trabajo; y tenían sus fortalezas muy fuertes de cantería para su defensa, como queda tocado arriba.

Las armas suyas principales eran hondas; no tenían flechas ni arcos, más de unas como rodelas para se defender de las piedras. Esto era en las gentes de las sierras; pero en los llanos que llamaban yungas peleaban algunos con flechas sin yerba; en otras partes con dardos hechos de unas cañahejas, y en lugar de caxquillos, puntas de palmas o de hueso, y tirábanlos con amiento, los cuales eran en tirallos muy diestros y certeros. Por aquellos llanos o valles hacían los señores sus casas en cerros, y si no les había, con amontonar mucha tierra los componían por artificio.

Toda la tierra que decimos ser comprendida en lo que llaman el Perú, nunca se supo qué fuese comer carne humana, sino fue un pedacillo de tierra, en la entrada, hacia Panamá. En toda la cual, eso mismo tuvieron siempre por abominable el vicio nefando de contra natura, excepto en alguna parte de la costa de la mar, como se dice de Puerto Viejo, que algunos y no todos cometían el tal vicio; pero no por eso se dejaba entre ellos de tener por cosa vilísima. En las montañas, algunos andaban desnudos; en todo lo demás de toda la tierra, todos andaban vestidos.

La costumbre y ley que tenían de suceder en los Estados y señoríos, era: que cuando el señor se vía viejo, y cercano por naturaleza o por enfermedad a la muerte, ponía los ojos en el hijo que para la gobernación del pueblo y bien de los súbditos le parecía; y sino tenía hijo que fuese ya hombre y para regir dispuesto, consideraba un hermano suyo u otro pariente, el más cercano, si de hermano carecía; y finalmente, si no tenía pariente, nombraba otra persona, que, consideradas muchas, escogía, que tuviese prudencia para regir o procurar la utilidad del pueblo y a él fuese agradecido. Éste, así, dentro de sí, elegido y por tal conocido, encomendábale para proballo cosas del gobierno. Enviábalo con negocios y para que mandase poner en ejecución algunos mandamientos suyos en el pueblo; lo uno para quel pueblo conociese que aquel había [de ser] el sucesor en el señorío, y ser su rey y señor, y comenzasen a tratar con él y a cobralle amor; lo otro, para que él se ejercitase y entendiese la práctica de los negocios y la gente, y cobrase buena opinión entre ellos, haciendo algunos buenos actos de gobernación, y así, se enseñase a mandar y gobernar, teniendo aún el señor vivo, que le corregiría y enmendaría lo que errase. Ésta era infalible regla y costumbre allí, y aún en todas las Indias, según lo que tenemos entendido: nunca encargar la gobernación a muchachos, aunque fuesen sus propios hijos. Tampoco cometían gobernación a quien no supiera bien gobernar y tuviese autoridad con el pueblo. Finalmente, la sucesión de los señoríos en aquellos tiempos, era por elección del señor de aquella persona que mayor probabilidad y concepto se tenía que había de gobernar bien y a provecho de la república, y no por herencia, puesto que, si se hallaba hijo o pariente cercano del señor, si era tal aquél era preferido a los demás. Créese haber sido la razón, parte el amor natural que los hombres a los hijos y a los que más les toca; parte, porque parece que cuanto la persona fuese más conjunta al señor pasado, el pueblo le tendrá mayor respeto, reverencia y amor. En algunas provincias de los yungas que se llaman tallanas, y algunos de los guacauilcas ciertas naciones tenían costumbre que no heredaban varones, sino mujeres; y la señora se llamaba capullana. Los yungas son las gentes de Los Llanos.

Capítulo XV. En el cual se prosiguen la gobernación antigua y costumbres de las gentes del Perú (conviene a saber), la diligencia que tenían en cultivar la tierra, de las acequias, de los tributos que daban en aquel tiempo primero a los señores, de los casamientos, de las sepulturas y muchas ceremonias en ellas notables

Tenían estas gentes gran policía y cuidado en la labor y cultura de las heredades, que allá llaman chácaras, en todo género de comida. Labrábanlas y cultivábanlas mucho bien. Tenían lo mismo gran policía por la industria que ponían en sacar las aguas de los ríos para las tierras de regadíos, primero por acequias principales que sacaban por los cerros y sierras con admirable artificio, que parece imposible venir por las quebradas y alturas por donde venía. Comenzábanlas de tres y cuatro leguas y más de donde sacaban el agua. Después, de aquellas acequias grandes sacaban otras pequeñas para regar las heredades, y en esto tenían muy delicada y maravillosa orden, y en repartir el agua para que todos gozasen della, que una gota no se les perdía.

Los tributos que por aquellos tiempos daban a los señores, éstos eran (conviene a saber): que se juntaba todo el pueblo a edificarles sus casas y hacerles sus sementeras y beneficiárseles en sus tiempos, y hacían de común todas las otras cosas públicas; y así eran muy pocos y muy livianos los tributos que daban los pueblos a los reyes y señores. Hacíanles algunos servicios de algunas cosas menudas de comer, como frutas y otras semejantes. Cuando la comunidad se juntaba a hacer cosas que pertenecían al servicio y utilidad del señor o de la república, el señor los mantenía.

Guardaban grande orden cerca de sus casamientos. Ninguno se casaba con su hermana, ni con su prima hermana, ni con su tía, ni con su sobrina, hija de su hermano o hermana de su padre. Teníase tal abuso por gran delito, porque no solamente llamaban hermanas, ni madres ni hijos, a los que verdaderamente lo eran, pero a los primos hermanos llamaban hermanos y a los tíos padres y a los sobrinos hijos. Casábanse siempre con sus iguales: los señores con señoras y los plebeyos con las plebeyas. La edad de que se casaban era desque llegaban y subían de veinte años. Cuando se casaban los señores que tenían licencia de tener muchas mujeres, con la mujer que recibían por principal, que siempre tenían entre las demás una dellas por tal, obraban ciertas ceremonias más que con las otras en señal de que había de ser la principal; y destas eran comer y beber y hacer ciertos bailes y danzas y otras alegrías más que en las otras esmeradas. Cuando había entre ambos, marido y mujer, igualdad o mayoría de parte de la mujer, siempre el varón daba a los padres de la mujer algunos dones, como eran cantidad de ovejas, carneros, vasos de plata, ciertas sillas o asientos de los en que se solían asentar, y algunas veces alguna mujer. Todo esto daban en reconocimiento del beneficio que por dalle su hija recibían, y en señal de la confirmación de la perpetua confederación, deudo y amistad que por el tal casamiento entrellos se contraía. También para que la misma mujer conociese que tenía mayor obligación a amar y servir a su marido, por el servicio que por aquello se hacía a sus padres. Y puesto que, como es dicho, se hacían algunas ceremonias para hacer diferencia de la mujer que se admitía por principal, pero de tal manera tomaban aquella una, que se casaban también con otras más o menos cuanto al número, conforme a la cualidad y posibilidad del que se casaba, no derogando a la que se admitía por principal; y ésta era comúnmente la que era de más noble generación y más ilustre linaje; y si acaecía ser algunas iguales o cuasi iguales, aquella lo era que servía a su marido mejor o era dotada de algunas gracias naturales, como de mayor hermosura y disposición, o más alegre y afable, o tejía más rica ropa, o guisaba mejor de comer para su marido, y así en lo demás. Por manera, que siempre había de ser una principal, y ésta tenía cargo y cuidado de la guarda de las obras y mandarles lo que habían de hacer, y con ésta tenía el marido más frecuente comunicación en lo público y secreto, porque con las demás se había más como con criadas que como con mujeres iguales. Y así, los hijos de aquella principal eran más favorecidos y en todo mejorados; y si alguno dellos salía tal que merecía suceder en el Estado y señorío, era preferido en él a los demás. La gente común y vulgar comúnmente no tenía más de una; tratábanse ambos como hermanos en las obras y amor, y así se llamaban entre sí hermanos.

En las gentes de las sierras, el oficio de los varones comúnmente era entender en las cosas del campo, como en las sementeras y heredades, y cazas y pesquerías y otras semejantes; y el de las mujeres en criar sus hijos, hilar y tejer y hacer ropa para sí o sus maridos y familia, guardar y curar y administrar las cosas domésticas y de por casa. Iban también con los maridos a los ayudar en las labranzas, cuando había necesidad. En algunas provincias o pueblos particulares, aunque raro, tenían costumbre contraria; porque las mujeres salían a ejercitar las obras del campo, como las labranzas, y los maridos se quedaban en casa hilando y tejiendo y haciendo lo demás. Y aunque parece costumbre irracional, pero bien hay quien los excuse della, pues hubo algunas naciones que primero la usaron, y aun las de España, según queda declarado atrás. Y aquello era solo en algunas partes de los serranos: en las gentes de Los Llanos, que llaman yungas, nunca la mujer se ocupaba en las cosas del campo, sino en las de casa; los maridos en las cosas que requerían salir fuera, como queda declarado.

No tenían moneda alguna para contratar, sino solo aquello que al principio enseña la razón natural, que se llama y es el derecho de las gentes (conviene a saber): conmutar unas cosas por otras, como ropa por comida, carne por pan, frutas por pescado, y así en las demás de que unas personas carecían y otras abundaban. En aquellos tiempos vivían muy templadamente cuanto al comer y beber y el apetito de mandar y señorear. Contentábanse con lo que había en su tierra y pueblo. No hacían pan de maíz, sino que lo comían tostado y cocido, excepto en la provincia de Puerto Viejo, que hacían pan dello. Era gente muy partida y que comunicaba y partía con los demás cuanto comían, como si fueran ejercitados en obras de verdadera caridad. Y esto es en tanto grado y en todas las Indias común y general (de lo cual en otras gentes podríamos dar verdadero testimonio, por lo haber visto muchas veces), que, si están comiendo, por poco que sea lo que tienen, y llegan otros, aunque sean muchos, todo lo reparten y todos han dello de gustar y aunque no sea lo que uno cupiere sino tanto como una uña, y porque lo reciba, si no quisiese, lo han de forzar.

Era grande el cuidado que tenían cerca de sus entierros y sepulturas y difuntos, en lo cual eran en gran manera religiosos, celando y guardando los cuerpos de sus difuntos. Los yungas, que son las gentes de Los Llanos hacían sus sepulturas grandes y huecas en los campos y arenales, debajo del arena, donde los enterraban. Éstas eran de forma de una alberca cuadrada de quince o veinte pies de cuadra y honda de dos estados, unas mayores y otras menores, según era la cualidad de la persona que se había de sepultar. En cada pared de las cuatro, por la parte de adentro, hacían una bóveda donde cupiesen cuatro o cinco personas, tan alta como un hombre, con una puerta pequeñita y angosta. Dentro de aquella bóveda entierran al señor con algunas personas que él más amaba y con algunos servidores que le iban a servir allá, no tantas como de algunos de la Nueva España. Entiérranlas alrededor dél y allí todas sus joyas y vasos y piedras preciosas, y tornan luego a cerrar la portezuela con barro y piedra o adobes, que parece no haber allí nada. Hacen lo mismo a las otras tres partes o bóvedas, que son para en que los hijos y nietos se han de sepultar. Después hinchan de arena todo el hoyo, que dijimos ser como alberca cuadrada, hasta con el otro suelo la emparejar. Otras veces la ciegan de arena hasta el medio, por no tener quizá tanto trabajo. La gente común hace sus sepulturas mayores o menores, según la calidad de cada uno, pero todos se entierran en hueco y cubiertos con maderos y barro y como tienen la posibilidad.

Sepúltanlos a todos envueltos en muchas mantas, cada uno según tiene el caudal, cubiertos los rostros, calzados los pies, y los hombres con sus paños menores. Lávanlos primero que los envuelvan en las mantas. Entierran con los hombres los instrumentos con que la tierra o las otras cosas de sus oficios labraban; con las mujeres las ruecas y husos y los telares y aspas con que tejían y devanaban. Poníanles comida y bebida para tres o cuatro días, guisada, y en ellos no cerraban las sepulturas, parece que creyendo que habían menester comer aquel tiempo que debía de durar el camino que llevaban. Poníanlos echados, el rostro hacia arriba, y atábanles con unas cuerdas recias los muslos y los brazos junto al pecho, como nosotros, y cruzados.

De la misma manera que los servían en la vida era servido después de muerto de sus familiares (conviene a saber), poniendo delante la sepultura comida y bebida, donde la quemaban; desta traían mucha todos los que lo venían en su muerte a honrar. Renovábanle la ropa, y del ganado que poseía cuando vivo, le señalaban cierta parte, que también le quemaban. Finalmente, en muchas cosas le servían después [de] muerto, como en la vida servirle acostumbraban, creyendo que su ánima vivía en otro mundo, aunque de la presente faltaba. Teníanle gran reverencia, veneración y amor y temor, lo cual, después de muchos tiempos, yendo creciendo, llegaba y se convertía en idolatría; porque muchas veces acaecía que, habiendo sido algunos señores buenos y para sus pueblos provechosos y dellos muy amados, acaecía (sic) que, andando el tiempo, crecía tanto el amor y veneración, que por dioses los reputaban, y con sus ofrendas y sacrificios y plegarias ocurrían a ellos en sus necesidades, como a tales. Y este discurso al principio llevó en el mundo poco a poco, cuando se introdujo estimar los hombres ser dioses, la idolatría, como parece por el Libro de la Sabiduría, capítulo 14, donde se asignan della algunas causas; y aunque los errores destas gentes, haciendo de hombres dioses, los movían a ofrecerles dones y sacrificios, y a los ídolos ropa, maíz, vino, plumas, ovejas, oro y plata y otras cosas preciosas suyas; pero, que en los tiempos antiguos, que ofreciesen hombres, nunca se ha entendido ni sospechado.

Después de sepultado el cuerpo volvíanse todos los que a las obsequias habían venido a la casa del difunto, y allí comían y bebían lo que habían traído y ofrecido los parientes y amigos antes, y si era señor o persona principal, juntábase todo el pueblo y también pueblos comarcanos y hacíase gran limosna a los pobres que concurrían, dándoles de comer y de beber y también de vestir, al menos a algunos. A la comida estaba presente la silla o asiento en que se solía el señor asentar, y si el rey o señor principal era el difunto, había un bulto en el mismo asiento, y si no, estaba la ropa de su vestir. Poníanle también delante la comida que si él fuera vivo había de comer. Los yentes y vinientes que entraban y salían, hacían grande acatamiento al mismo asiento, como si allí estuviera viva la persona real. Tenía cuidado de todo este oficio funeral y que se cumpla y ordene todo y no falte alguna de las ceremonias, y de cómo y dónde se ha de abrir la sepultura y de lo que en ella con el difunto se había de sepultar, el que sucedía en el estado, y él era solo el que los ojos le cerraba de la manera que arriba dijimos que en tiempo de Santa Lucía se acostumbraba por los romanos; lo que no habemos dicho tampoco entre aquestas gentes visto, ni oído ni hallado. Éste lo amortajaba y hacía todas las otras cosas principales que hacerse convenía por su persona, y otras que en su presencia se hiciesen mandaba.

Llorábanlo cinco y seis días y aun diez, y si era el señor, concurría todo el pueblo a llorallo. Había mujeres que tenían el oficio de endechaderas, como dijimos arriba que las tenían los varones ilustres de Roma. Éstas lloran por todos y cuentan las perfecciones y virtudes del difunto y el bien que hizo al pueblo, la falta que por su muerte al bien público y casa y deudos hace llorando y cantando, a la cual responde otro gran número de gente, también llorando, al propio de lo que las endechaderas y endechaderos cantan esto estando el cuerpo del difunto puesto en una plaza o patio antes de sepultado; andan en rededor dél, y en algunas partes traen los lloradores bordones en las manos, al cuerpo ceñidas las mantas. Hay otros que tañen dolorosamente flautas. Después que aquellos están cansados, asiéntanse y levántanse a llorar y hacen otro tanto. Así le lloran de noche y de día hasta que acuerdan de lo sepultar. Pónenle cada día ropa y vestidos nuevos sobre los que tiene, sin quitalle nada. Asimismo le sirven de comida fresca, quemándosela delante. Está la cabecera la principal mujer en amor y la madre, si la tiene, y la segunda mujer a los pies; las demás llorando bajo alrededor. De cuando en cuando todos los llorantes levantaban un aullido muy alto y doloroso que causaba espanto. De las ovejas que para la comida mataban, las asaduras tenían puestas en unos palos colgadas delante del cuerpo todo el tiempo que no lo sepultaban, las cuales miraban de rato en rato los sacerdotes y adivinos o hechiceros, y según de la color que se paraban, mayormente los livianos decían el estado en que el difunto en la otra vida estaba.

Encima de las sepulturas edificaban ciertas paredes y casas sin cubierta del mismo tamaño, y allí echaban la comida ordinaria y quemaban ovejas y sebo y conejos y otras cosas, como por sufragios que, según creían se consolaban las ánimas. Sus mujeres andábanlos llorando por las heredades y por los otros lugares donde más ellos conversaban, y en algunas partes traían bordones en las manos. Por luto se trasquilan las mujeres y traen un paño grande sobre la cabeza y guardan el luto por lo menos un año; y muchas traen luto toda la vida.

De diversa manera se habían las gentes de la Sierra en hacer las sepulturas y en los entierros y ceremonias, porque en algunas provincias dellas hacían por sepulturas unas torres altas. Eran huecas en lo bajo dellas, obra de un estado en alto; lo demás todo era macizo, que, o era lleno de tierra o de piedra y canto labrado, y todas muy blanqueadas. En unas partes las hacían redondas y en otras cuadradas muy altas y juntas unas con otras y en el campo. Algunas hacían en cerrillos, media o una legua del pueblo desviadas, que parecían otro pueblo muy poblado, y cada uno tenía la sepultura de su abalorio y linaje. Metían los cuerpos en unos cueros de ovejas, cerrados por de fuera, señalados los ojos y narices; vístenles sus ropas; tienen el rostro descubierto de la ropa, aunque cubierto con el pellejo de la oveja. Ponen los cuerpos asentados; las puertas de las sepulturas todas al Oriente; ciérranlas con piedra y barro por espacio de un año; ya que los cuerpos están secos, luego abren las puertas dellas; y en algunos lugares, donde los vivos duermen y comen, ponen y tienen los cuerpos de sus difuntos. No hay mal olor, porque, allende que los meten dentro de aquellos cueros y les cosen muy junto y recio, con el mismo frío que siempre allí hace, tórnanse los cuerpos como carne momia. Los señores ponían sus cuerpos en una pieza grande y principal de su casa, y en ella las joyas y vasos de su servicio y vestidos que se vestía y plumajes con que hacía sus fiestas; y el mismo servicio que se le hacía y tenía siendo vivo, se le hacía y tenía después de muerto; porque se le hacía su sementera de maíz y de las demás comidas, y su vino y guisados de manjares, y poníansele delante como si estuviera vivo. De allí se repartía entre sus criados y los que le servían como él lo solía hacer cuando vivía. Las fiestas que él celebraba y bailes y danzas viviendo, se le hacen y festejan después de muerto, y traen su cuerpo en unas andas por la plaza y por las heredades más principales por donde solía él andar. Esto era cuando eran muy grandes señores y habían sido buenos para sus repúblicas; y todo lo proporcionaban más o menos, según la grandeza del estado y dignidad del señor era mayor o menor.

Tenían en gran reverencia y usaban y guardaban exactísima religión con sus difuntos y sepulturas y entierros, y ninguna injuria se les podía cometer ni que más sintiesen, que tocarles a sus difuntos y viollales sus sepulturas. Y cerca desta materia dicen nuestros religiosos que habría muchas cosas notables que decir, si el tiempo diera lugar. Pero las dichas sobran para entender a cuantas naciones de las arriba recitadas hicieron ventaja en este tan señalado indicio y obra de razón (conviene a saber), en tener tan notable cuidado y solicitud de las sepulturas, entierros y obsequias y honra de sus difuntos; y no solo a las naciones que fueron en esto tan negligentes y cuasi bestiales, pero a muchas de las que cerca dellos fueron solícitas y cuidosas y bien racionales; y también no poca hicieron en algunas particularidades a las de las Nueva España, como podrán ver los que las cosas referidas de los unos y de los otros leyeren y consideraren.

Capítulo XVI. De la gobernación de los Incas, su origen, y sucesión hasta Pachacutic

Todo lo que dicho queda en estos dos capítulos precedentes, pertenece al primero y más antiguo estado y gobierno de reyes que en aquellos reinos del Perú antiguamente hubo; de aquí adelante converná decirse lo que tocare al segundo que sucedió a aquél después de buenos quinientos o seiscientos años. En este segundo estado se cuenta todo el tiempo que reinaron los reyes llamados Incas, cuyo imperio y señorío real duró hasta que llegaron nuestros españoles cristianos. No he oído qué tiempo duraría este imperio ni cuantos años. Según nuestros religiosos expertos en la lengua de aquellas gentes han podido con diligencia inquirir y escudriñar las antigüedades de aquellos tiempos de los más viejos y más sabios a quien vino la noticia por relación de otros y por sus romances y cantares de mano en mano, porque carecían de historia escrita como todas las demás destas Indias, lo que más semejanza tiene de verdad, no curando de lo que algunos escriben, que, no teniendo ni sabiendo la lengua, hubieron lo que dijeron truncada y confusamente y a pedazos, y por consiguiente no se pudo sino en algo y mucho errar, es, sacado en limpio, lo que aquí parecerá.

Para dar noticia del origen de los reyes Incas, primero quiero referir una fábula que cuentan los indios, que parte puede contener de fábula y el fundamento pudo ser historia, como harto de esta mezcla hubo entre las gentes antiguas.

Junto con la ciudad del Cuzco, cuatro leguas, está un pueblo muy antiguo, llamado Pacaritango, donde hay ciertas cuevas antiguas, en las cuales dicen los indios que habitaban tres hermanos con otras tres hermanas suyas y mujeres; los cuales dicen que los crió allí Dios. Llamábase el mayor dellos Ayarudio, el segundo Ayarancha, el tercero Ayarmango; la mujer del primero Mamaragua, la del segundo Mamacora, la del tercero Mamaocllo. La conversación dellos con ellas no era como de marido y mujer, sino solo como de hermanos y hermanas. Salidos de las cuevas los tres hermanos con sus mujeres y hermanas, para poblar en el valle donde después fue la ciudad del Cuzco edificada y hoy está en el medio del camino, a las dos leguas está un cerro llamado Guaynacauri, donde los dos primeros hermanos con sus mujeres desaparecieron y nunca después se supo qué se hubiesen hecho;

por lo cual tuvieron opinión, y dura hasta hoy que se subieron al Cielo. De la manera que los romanos tuvieron que de Rómulo fue lo mismo. Y hubo entrellos persona de grande autoridad que afirmó haberle visto él por sus ojos subir con juramento; y otras opiniones vanas tuvieron los gentiles desta manera, según que arriba queda escrito. Provino de allí, que aquellas gentes tuvieron en gran reverencia el dicho cerro, en el cual edificaron un solemnísimo templo, del cual hasta hoy duran los edificios.

El tercero hermano menor, llamado Ayarmango, con su mujer y hermana Mamacllo (sic), dicen que vino al Cuzco, que estaba ya poblado de alguna gente, y allí moró con ellos mansa y pacíficamente. Los del pueblo le cobraron mucho amor, por verle persona quieta y prudente. Edificó sus casas en el asiento donde, muerto él y pasando mucho tiempo, se constituyó aquel riquísimo y admirable templo del Cuzco, de que ya grande mención arriba hicimos. Pudo ser que aquellos le eligiesen por señor y de allí los incas tener origen, y así fundarse la fábula sobre alguna parte de historia. Pero lo que parece a los religiosos que con diligencia tuvieron muchas pláticas de propósito sobre esto con viejos y diversas veces, y examinaron y coligieron lo que más verisímil y conforme a razón y a verdadera historia era, es esto: que debió de vivir algún señor o persona principal en el susodicho pueblo llamado Pacaritango, que tuvo los tres hijos e hijas, las cuales quizá no fueron hijas sino mujeres de los hijos, y muerto él y oyendo ellos la fama de la fertilidad y buena tierra del valle del Cuzco, que distaba de allí (como se dijo) cuatro leguas, se quisieron venir con sus mujeres, que por la simplicidad de aquel tiempo llamaban hermanas (como Abraham llamó hermana a Sarra, su mujer, y con sus familias a vivir a él); y en el camino, llegando al cerro dicho de Guaynacauri (sic), los dos hermanos mayores con sus mujeres o se murieron, o se apartaron (lo que es más verosímil según aquellos tiempos) a poblar en otra tierra o provincia; y con el poco tracto y comunicación que tenían entonces unos pueblos con otros, no se supo más dellos; de donde pudo salir la fábula y ficción que se habían subido al Cielo.

Venido, pues, Ayarmango al Cuzco, recibiéronlo con buena voluntad y diéronle lugar donde hiciese su casa y tierra para su heredad o heredades; después, viendo su buena y pacífica conversación y cordura, y que parecía ser hombre justo y de buena gobernación, acordaron de elegille por rey y señor de común y uniforme consentimiento. Tuvo en su mujer un hijo llamado Cinchiroca Inca, el cual sucedió al padre en la casa y señorío. Tuvo éste por mujer una señora que llamaron Mamacoca, natural e hija de un señor de un pueblo media legua del Cuzco. En ésta hubo un hijo llamado Lluchiyupangi. Este fue tercero inca; el cual casó con otra señora que tenía por nombre Mamacaguapata, hija de un señor de un pueblo nombrado Omas, tres leguas del Cuzco. Éste tuvo un hijo en su mujer, que dijeron Indimaythacápac, que fue el cuarto inca; el cual tomó por mujer una señora dicha Mamadiancha, hija de un señor, de un señor (sic) de un pueblo que se llamaba Sañe, una legua del Cuzco. Este Indimaythacápac era ya señor de aquellos pueblos de donde eran las mujeres de su padre y abuelo y suya. Éste tuvo entre otros un hijo que nombró Capacyupangi (sic), el cual, muerto su padre, sucedió en el señorío y casó con una señora hija del señor del pueblo Ayarmacha cerca del Cuzco; llamábase la señora Indichigia; fue aqueste quinto inca. Hubo aqueste Capacyupangi un hijo en su mujer y que tuvo nombre Incarocainga, que sucedió en el Estado a su padre; casó con una señora hija del señor del pueblo Guayllaca, en el valle de Yucay, llamada Mamamicay; el cual fue sexto inca. Tuvo un hijo en ella que se llamó Yaguarguacacingayupangui, el cual sucediendo en el señorío y siendo el séptimo inca y tomando por mujer una señora llamada Mamachiguia, hija del señor del pueblo Ayarmacha cerca del Cuzco, tuvo en ella un hijo que nombró Viracochainga, que sucedió al padre en el señorío; casó con una señora llamada Miamaruntocaya, hija del señor del pueblo de Antha en el valle de Jachijaguana cuatro leguas del Cuzco. Éste fue señaladamente muy bien quisto de los suyos, y de quien sonaba la fama por los otros pueblos; de donde, un cierto señor, llamado Pinagua, del pueblo de Mohina cinco leguas del Cuzco, por pura envidia movido, juntó consigo cuatro señores otros comarcanos y vino a dalle guerra; la cual le dieron cerca del pueblo dicho Mohina cabe una laguna grande que allí había; el cual salió vencedor, sujetando al envidioso Pinagua y a los que trajo en su ayuda; de donde quedó por señor de toda aquella provincia. Dicen los indios que los venció por haber sido provocado y acometido sin razón y justicia. Este fue octavo inca; tuvo hijo en su mujer que llamó Pachacutinca-yupangi, el cual fue señor después dél. En cuyo tiempo ya el nombre de los incas era muy afamado y estimado por muchas provincias y habíase multiplicado en mucha gente su señorío, así por los muchos años que habían reinado, como porque, como tenían muchas mujeres, tenían muchos hijos, y así crecieron en gran número. Éste tuvo muchos hermanos, entre los cuales fueron tres dellos muy valerosos. Casó con una hija del señor de un pueblo llamado Chuco, cerca del Cuzco, llamada Mamahanaguarqui. Fue muy gran señor, creó cuasi todo lo que hoy llamamos Perú. Creció su señorío para ser tan grande, por esta manera:

Hay una provincia principal, treinta leguas del Cuzco, que se llama Andaguaylas, de la cual eran señores dos hombres muy esforzados y de grande autoridad, hermanos; el uno se llamaba Guamanguaraca, y el otro Atcosguaraca. Éstos, o con causa justa o con injusticia, tuvieron muchas guerras con otras gentes comarcanas, y ganáronles, sujetándolos, sus tierras y provincias y otras más desviadas de las suyas, y llegaron hasta la provincia que agora se llama de Condesuyo, cosa muy principal y de mucha gente y poblaciones, y pasaron más adelante a la de Collassuyo, más grande y de más gentes y poder. Finalmente, viéndose tan poderosos, no se contentaron con señorear todo lo que está dicho, pero pretendieron ampliar más su estado y sujetar y señorear los Incas, reyes y señores del Cuzco.

Con este propósito salieron con mucha gente de guerra, camino del Cuzco, y venían sujetando todas las gentes que se hallaban en las provincias por donde pasaban. Llegados cerca del Cuzco, Viracochainga, padre deste Pachacutincayupangi, era ya viejo, aunque todavía señoreaba y mandaba; pero viendo el gran poder que traían los dos hermanos, señores de Andaguayas (sic) y cómo casi toda la tierra les obedecía, por no podelles resistir, hubo miedo y quísose ausentar con su casa y gente a ciertas fortalezas que están en el valle de Xaquijaguana, el cual propósito dijo a sus hijos y mujeres y criados y a todo el pueblo; y así se retrajo con toda su casa, hijos y mujeres y los que del pueblo le quisieron seguir. Fuese a una fortaleza questá en el cabo del valle dicho, llamada Caquiaxacxaguana, muy fuerte.

El Pachacutic, hijo menor de aqueste señor, que sería hasta de catorce o quince años, era de más esfuerzo y valeroso ánimo que los demás, y procuró de persuadir al padre y a la demás gente que no desmanparasen la ciudad, y que no tuviesen temor, porque el Sol le había aparecido una noche soñando y le había dicho, que no se fuese de la ciudad ni tuviese miedo a la gente que venía, porque le ayudaría para que los venciese a todos, y después lo haría muy gran señor. Esto persuadió al pueblo, fuese verdad el sueño o lo fingiese, para animar al padre y a la gente. Finalmente, no pudo con su padre ni hermanos persuadirles a que esperasen, y así se fueron a la fortaleza dicha.

Con todo eso, dos tíos suyos, hermanos de su padre, llamados Apomayta y Vicaquiray, viendo el gran ánimo del muchacho, determinaron de quedarse con él con la más de la gente de la ciudad que quiso esperar, y puesta la gente toda en orden de guerra para se defender, y sus espías y corredores de campo, ya que los contrarios llegaron medio cuarto de legua del Cuzco, en un llano que se hace arriba de Carmenga, llamado Qujachilli, salió el mozo Pachacutic con sus tíos y la gente que con él había querido quedar, animándolos con gran esfuerzo y dándoles certidumbre de vencer y salir con la victoria, y afirmándoles quel Sol le había della dado palabra, y que no le había de mentir. Finalmente, llegado al llano con su gente, aunque mucha menos que la de los dos hermanos, y rompiendo por ellos con gran ímpetu, como leones, hízoles gran daño; y aunque de una parte y de la otra cayeron innumerables, porque duró mucho, la batalla, pero diose tan buena maña e industria el buen muchacho Pachacutincayupangi con sus tíos y con la fe que tuvo que el Sol le había de ayudar, que al cabo desbarató la muchedumbre de gentes que traían los dos hermanos, y a ellos y a sus capitanes prendió, y a otros muchos señores y personas principales, y así quedó por él el campo.

Dicen los indios, que las piedras que había por aquel llano y comarca, se tornaron hombres por mandado del Sol, para que le ayudasen, por cumplir su palabra.

Habida tan señalada victoria, los señores hermanos presos enviaron luego sus mensajeros a todos los capitanes y gentes que tenían repartidos en diversas guarniciones y partes, mandándoles que luego viniesen a hacer reverencia y sujetarse al señor Pachacutincayupangi, porqué merecía reinar por el valor y esfuerzo de su persona, y dende adelante lo tuviesen todos por señor. Los cuales vinieron luego, y tras ellos todos los señores y principales de las tierras y señoríos que los dichos dos hermanos tenían sujetos, corrieron a dalle gracias, porque los había libertado de la tiranía con que los capitanes de aquéllos y gentes de guerra los comenzaban a oprimir, habiéndolos contra justicia sujetado por fuerza de armas, suplicándole que desde adelante los recibiese por suyos y fuese su señor, para que los defendiese y tuviese en paz. Lo mismo hicieron muchos de las provincias lejanas que eran infestados con guerras injustas de otros, oída y extendido por muchas regiones su gran valor y fama.

Sabida por Viracochainga la victoria de su hijo y bienandanza no esperada dél, al menos, no será menester con encarecimiento decir haber recibido alegría inestimable. Diose luego priesa con sus mujeres e hijos y toda su casa [a] venirse a la ciudad del Cuzco, donde grandes fiestas y solemnes regocijos y con maravillosas ceremonias se celebraron. Visto por el viejo la prudencia y esfuerzo y valor de su hijo Pachacutic, y que con el Sol tenía tan familiar privanza, determinó de renunciarle el reino y estado quél poseía, con todas las provincias que se le habían venido a ofrecer al muchacho. El mozo aceptó la renunciación del padre y comenzó a gobernar los reinos con tanta prudencia, majestad, gravedad y autoridad, como si fuera de sesenta años, y con tanto amor y acepción de todos los pueblos, que por ser tan alta y tan recta y tan felice y tan útil a todos los súbditos la gobernación que comenzó y tuvo, mereció que le pusiesen aqueste nombre Pachacutic, que quiere decir, «vuelta del mundo»; porque pareció a los pueblos, que por la reformación y nuevo lustre y utilidad que les había sucedido entrando él a gobernar a todos aquellos reinos y provincias, se había vuelto el mundo de una parte a otra, o que había renovádose el mundo, o aparecido otro nuevo mundo. Antes se llamaba Pachacutic Incayupangi, que quiere decir «vuelta del mundo (sic)», y por esta hazaña tan señalada, que si fuera entre cristianos se tuviera por miraculosa, le añadieron un sobrenombre, Y éste fue Pachacutic capac inca yupangi, que significa «el rey que volvió y trastornó el mundo, digno es de ser amado y reverenciado».

Voló esta fama por todo aquel mundo, por la cual, muchos señores de partes muy lejanas, como a otro Salomón la reina Saba, le vinieron a visitar y hacer reverencia, y darle salud con sus presentes y dones.

Capítulo XVII. Que continúa el reinado y sucesión de los Incas, con los hechos y obras memorables de Pachacutic

Aquí ocurre buena materia de considerar el modo por qué los reyes Incas que a este Pachacuticapacingayupangi sucedieron, fueron tan grandes señores y tuvieron tan dilatados reinos como se dirá. Fue el mismo (al menos en cierto tiempo) con que los romanos, según cuenta san Agustín en los libros de la Ciudad de Dios, alcanzaron la monarquía del mundo viejo de por acá, conviene a saber: que puesto que a los principios los romanos algunas guerras injustas movieron, o fueron causa que contra ellos y otros justamente las moviesen, como fue la de los Sabinos, por la maldad y engaño que les hicieron, fingiendo ciertas fiestas, para que fuesen las hijas dellos a festejallas a Roma, y después alzáronse con ellas, tomándolas por mujeres contra su voluntad, como cuenta Tito Livio, libro I.º de la déc. I.ª, y después de ya ser poderosos la codicia y ambición de dilatar su Imperio, como toca san Agustín, libro I.º, capítulo 32.º de la Ciudad de Dios, y en otras partes hicieron hartas injustas guerras, y dello también testifica Paulo Orosio y otros muchos historiadores; pero, en el tiempo del medio, las guerras injustas que algunas naciones contra ellos movieron, fueron causa que ellos, por su defensión peleando, los venciesen y sujetasen, porque desde adelante no presumiesen a se levantar. Así lo testifica el mismo santo, libro 4.º, capítulo 15.º, diciendo: «Iniquitas, n. eorum cum quibus justa bella gesta sunt, regnum adjuvit ut cresceret; y más abajo: Multum. n. ad istam latitudinem imperii, eam scilicet iniquitatem alienam cooperatum videmus, que faciebat injuriosos ut essent cum quibus justa bella gererentur et augeretur imperium». Hec ille. Los cuales, vencidas algunas batallas de los enemigos, que sin razón movían guerras contra ellos, volaba la fama de su valentía y esfuerzo y buen gobierno, de donde muchos se les vinieron a ofrecer por amigos y otros por sujetos, y así fueron mucho creciendo como hizo éste. Desto hace mención el libro I.º y capítulo 8.º de los Machabeos, donde se dice que Judas Machabeo, oídas las nuevas de las virtudes de los romanos y su gran esfuerzo, envió embajadores para confederarse en amistad con el pueblo romano.

De lo dicho parece cuanto más justo y recto fue el imperio y reinado y dilatación de la monarquía que tuvo este rey Pachacutincayupangi, al menos en todo su tiempo, que el de los romanos; pues hasta este tiempo que recibió en sí el reino, no se ha visto que sus predecesores lo hubiesen aumentado por injustas guerras, según lo que habernos podido entender con verdad.

¡Tornando a la historia de la excelencia del Estado real, dilatado imperio, suave y felice gobernación del rey Pachacutic, lo primero en que, recibido el reino en sí por la renunciación de su padre, se ocupó, fue en ordenar y proveer las cosas de la religión, obra digna de príncipe óptimo, prudente y devoto, y que no puede no ser felice y bienaventurado, haciendo principio en su gobernación de lo divino, ques lo mejor; y cuanto más cierto estará de la felicidad espiritual y temporal cuando el príncipe, habiendo profesado la verdadera religión, las cosas concernientes a ella entre todos sus cuidados tuviere ante los ojos! Ejemplo singular imitable da este príncipe infiel guiado por sola lumbre natural, a los reyes y emperadores católicos, cómo se deban haber en las cosas de Dios, y cuán gratos hayan de serle a quien en tan soberano estado los sublimó, pues éste tan agradecido se mostró al Sol, que según su errónea opinión le ayudó a conseguir tan maravillosa victoria, y por ella tan temprano al Estado real subió.

En el capítulo VII queda largamente dicho, cómo al principio de su reinado trató de introducir en todos sus reinos el culto y religión del Sol, y mandó que todos le constituyesen templos en los lugares más eminentes, y como para por su ejemplo animarlos, sus Palacios y Casas reales, donde los reyes, sus antecesores, habían morado, y su padre y él actualmente habitaban, saliéndose dellos, los dedicó para templo del Sol, el cual fue uno, y quizá único, el más rico de oro y plata y proveído de servicio que hubo en el mundo, y lo adornó de grandes y admirables vasos de oro y plata y riquezas otras; inestimables (sic), y de aquellas monjas doncellas, hijas de señores, para que siempre vacasen al servicio y ministerio del Sol, con otras cosas admirables que allí referimos.

Ordenadas las cosas espirituales del culto divino y todo lo que concernía a la religión, diose luego este bueno y prudentísimo rey a ordenar lo que convenía a la gobernación y común utilidad de sus reinos, a pulir y a esmerar todas sus repúblicas con hermosa y perfecta (cuanto sin fe de Dios verdadero fue posible) y nueva manera de policía. Ésta comenzó a fundar en su real ciudad del Cuzco, para que todos los señores que le obedecían, en sus ciudades y pueblos, y todos sus gobernadores que en su lugar en las provincias y pueblos grandes ponía, tomasen de allí el ejemplo y forma cómo habían de ordenar las repúblicas, pulir y las gobernar. Y para tener crédito con todas sus gentes y que las cosas que determinase tuviesen autoridad, usó desta industria, llamándose hijo del Sol; y así se intitulaba por este vocablo Capaynga, que quiere decir «solo señor», y añadía otro título de que más él gloriaba por gran excelencia, y éste era Indichuri, que significa «hijo del Sol». Y así decía quel Sol no tenía otro hijo ni el tenía otro padre sino al Sol. Y así, cuanto hacía y ordenaba, decía que lo hacía y ordenaba y mandaba el Sol. Semejante fue esta industria, para cobrar con los pueblos autoridad, a la de Numa Pompilio, segundo rey de Roma, que fingió tener por mujer a la ninfa Egeria, y que de noche tenía con ella sus coloquios y conversación, y que de parecer della constituía las leyes, así las del regimiento temporal, como las que tocaban a la religión; aunque más honésta fue la industria deste que la de Numa, llamándose hijo del Sol.

Lo primero que cerca desto hizo, fue dividir toda la ciudad del Cuzco, que ya era muy populosa, en dos barrios o partes o bandos. El uno y más principal llamó Hanancuzquo, que quiere decir «la parte o barrio o bando de arriba del Cuzco», a la otra puso nombre Rurincuzquo, que significa, «la parte o barrio de abajo del Cuzco». El barrio y parte Hanancuzquo, que era principal, subdividió en cinco barrios o partes: al uno y principal nombró Cápac ayllo, que quiere decir «el linaje del rey»; con éste juntó gran multitud de gente y parte de la ciudad, que fuesen de aquel bando; al segundo llamó Iñaca panaca; el tercero Cucco panaca; el cuarto Auca yllipanaca; el quinto Vicaquirau panaca; a cada uno de los cuales señaló su número grande de gente, y así repartió por bandos toda la ciudad. Del primer barrio o bando hizo capitán a su hijo mayor y que le había de suceder en el reino; el segundo y tercero señaló a su padre y descendientes por la línea transversal; el cuarto a su abuelo y descendientes también por la línea transversal; el quinto a su bisabuelo, por la misma línea.

Asimismo la parte y bando segundo y principal de la ciudad que llamó de Rurincuzco barrio de abajo del Cuzco, subdividió en otras cinco partes o parcialidades: a la primera llamó Uzcamayta, y deste hizo capitanes a los descendientes del segundo hijo del primer rey Inca; a la segunda nombró

Apomaytha, de la cual constituyó capitán y capitanes al segundo hijo y descendientes del segundo Inca, a la tercera parcialidad o bando puso nombre Haguayni, del cual nombró por capitán y capitanes al segundo y descendientes del tercero Inca; al cuarto barrio nombró Rauraupanaca, cuya capitanía encomendó al segundo hijo y descendientes del cuarto Inca; al quinto barrio llamó Chimapanaca, y diole por capitán y capitanes al segundo hijo y sus descendientes del quinto Inca.

Esta orden y división hizo (según cuentan los viejos, en quien permanecen las historias de sus antigüedades) por dos razones o para dos efectos: el uno, para que estando así divididos por sus barrios y capitanías o parcialidades, y reducidos a orden, se pudiese tener con toda la gente y comunidad mejor y más cierta cuenta y razón, así para las obras públicas que se hubiesen de hacer, como para los tributos que habían de pagar. Lo segundo, para que como hombres que tenían diversas partes y lugares diversos de la ciudad, y les eran más propias que las de los otros, y así estaban como contrapuestos, cada y cuando que hubiesen de ser llamados para efectuar cualquiera obra, presumiesen los de cada barrio o bando o parcialidad de hacerla mejor que los de la otra, cuasi emulando y teniendo envidia virtuosa los unos de los otros, como vemos entre nosotros en las ciudades questán repartidas en collaciones, que cuando son llamados los vecinos dellas para guerra o para otras obras del bien público, cada una presume de se aventajar sobre la otra, así en sacar mejor lebrea (sic), como haciendo lo mejor que puede la parte que le cabe; y, esto es harto natural.

No fue chico argumento esta división y orden que este rey puso, de su gran prudencia, juicio sutil, largo discurso de razón y amplísima capacidad. Hizo desto edito público, mandando que todos los señores y gobernadores de todo su reinado dividiesen cada provincia en dos partes principales, y cada una dellas se subdividiese en otras cinco, de la misma manera que en la ciudad del Cuzco había hecho y ordenado. Después dividió toda la tierra en otras dos partes, debajo de términos y vocablos más generales, conviene a saber: de Hanan y Rurin; y mandó que todos los de la parcialidad de Hanan que se llamasen hanansaya, que quiere decir «el bando de los de arriba»; y a todos los de la de Rurin se llamasen rurinsaya, que quiere decir «el bando de los de abajo»; como si dijera los andaluces, por los de

Andalucía, los castellanos por los de Castilla. Y así, cuando alguna provincia por mandado del rey había de hacer alguna obra pública o contribuir con tributos o servicios, todos los de Hanan, como todos los andaluces, acudían a una, y cada parcialidad de aquellos a su parte por sí, como digamos cada ciudad; y de cada ciudad, cada bando o parcialidad de las ciudades acudía con lo que le cabía. Los de Rurinsaya, como los castellanos, hacían lo mismo y acudían de la manera dicha; lo uno, porque hubiese orden y concierto en todo y se evitase confusión; lo otro, porque, a porfía los unos de los otros, cada uno lo hiciese mejor y se señalase más en la parte que le cupiese de la obra. Lo mismo era en las guerras y fiestas y juegos y sacrificios que se hacían.

Capítulo XVIII. Continúa la gobernación, sabias providencias y hechos memorables de Inca Pachacutic

Tuvo este rey Pachacutic otra notable providencia para perfeccionar las policías y repúblicas, y ésta fue que salió a visitar por su real persona toda la tierra y provincias comarcanas de su ciudad del Cuzco, donde principalmente residía; en la cual visita miró y consideró la disposición de cada provincia y de cada pueblo, y los términos que tenía y los vecinos dello, y si hallaba que en algunos pueblos no había oficiales de algunos oficios y había necesidad dellos y en el pueblo disposición para habellos, sacaba de otro pueblo donde los había los que le parecía, sin daño del mismo pueblo, con sus mujeres e hijos y familia, y mandábalos ir a vivir al pueblo donde faltaban y dallos sus tierras y solares y hacerles las casas para que allí usasen sus oficios como en el otro los usaban. Otras veces se trocaban, yendo los de un pueblo a otro; como, si en éste sobraban plateros y faltaban labradores, iban deste al otro plateros; y de aquél venían a éste labradores, cuando labradores para la sustentación de aquél, labradores (sic) le sobraban. Y así trocaba las heredades y casas, haciendo recompensa en otras cosas, si las de los unos hacían a las de los otros en valor ventaja.

Consideraba en esta visita de la tierra, si se podía hacer alguna semilla o árboles y frutales que no fructificaban, o no tanto, en otras partes, y era necesaria, y traía de otra tierra hombres que la supiesen sembrar y cultivar y a los naturales de allí lo enseñasen; a los cuales mandaba galardonar y repartir tierras y solares para sus casas y heredades. Consideraba asimismo la condición e inclinaciones de las gentes, y si entendía que eran orgullosos o inquietos, traía de otros pueblos, mayormente de los que tenía más conocidos y experimentados por fieles y obedientes, aprobados y leales, donde mandaba que morasen y usasen de sus oficios o ejercicios que en su naturaleza usaban, para que los de allí aprendiesen a vivir quietos, y para que, entendiendo quel rey los mandaba poner allí por esta causa, temiesen de hacer novedades, como quien tenía cabe si las espías y testigos que habían luego de avisar al señor, y por consiguiente, de causar en el pueblo inquietud se descuidasen.

En todas las fronteras y límites de su imperio traía de los más esforzados y belicosos de su reino con sus mujeres y casas, mandándoles que allí poblasen y rompiesen las tierras para sus labranzas, dándoles privilegios y exenciones, para que con mejor gana lo aceptasen. Hacíales edificar fortalezas para su defensión y de los pueblos y provincias comarcanos; y esto principalmente se hacía en los confines de las gentes que vivían en las montañas, porque era gente indómita y que salían muchas veces a inquietar y dañar los pacíficos, haciendo saltos. Cuando sentía que algunas gentes de su imperio eran bulliciosas, sacábalos de aquella provincia y dábales tierras en otra parte donde no tuviesen ocasión de bullir o levantarse, cuidando siempre que el temple de la tierra donde los pasaba fuere al de la tierra que dejaban semejante. Éstos que así ponía, y los que mandaba en otros pueblos, llamaban mithimaes. Dejábalos en su vestido y traje y en su lengua, puesto que les mandaba que aprendiesen la natural del pueblo. Sujetábalos a la jurisdicción del señor o gobernador que allí presidía. Tenía también singular cuidado que los vecinos que de una parte a otra mandaba, fuesen a tierra que tuviese el temple mismo y cielo y disposición, o muy propincua de aquella de donde los traían y mandaban; porque ésta es regla general en todas las Indias, que mudándose los indios de tierra caliente a fría, o de fría a la caliente, o que tenga mucha diferencia en estas cualidades, que han de perecer de la gente que hace esta mudanza la mayor parte.

Tuvo una diligencia, como príncipe prudentísimo, en tener cuenta de todos sus vasallos, conviene a saber: el número de los viejos y viejas, de los de mediana edad, por sí los mancebos, los muchachos, los niños de cuatro años abajo, de los recién nacidos y de cuatro hasta diez años; a otra parte, los de diez hasta dieciocho; a otra desde allí hasta veinticinco; y en este tiempo entendía en mandar que se casasen, y tuvo en esto tanto cuidado, que no había persona, chica ni grande y de cualquiera edad en su reino, que no tuviese cuenta della y no supiese dónde y de qué lugar.

Dividió y puso esta orden en todas las provincias (conviene a saber): que cada cien indios, que llamaban padiaca, tenían uno como jurado o capitán o principal; y cada mil hombres o vecinos, que llamaban guaranga, otro; cada provincia, que contenía diez mil, que llamaban hemo, tenía otro; y éstos eran sus propios y naturales señores que tenían de antes que fuesen sus vasallos; y sobre la tal provincia de diez mil vecinos ponía él una persona muy principal y de autoridad, y era uno de sus deudos, como corregidor o justicia mayor, que se llamaba tocrico, que quiere decir «veedor de todas las cosas»; porque tenía éste cuenta de ver y entender todo lo que se hacía en toda su provincia y en no consentir que los señores de los pueblos hiciesen agravio a los menos principales, ni ellos ni los menos principales al común y personas bajas.

Los señores menos principales tenía cada uno cargo particular de sus vasallos, y tenían la jurisdicción limitada, por que no podían matar por algún delito ni hacer otros castigos graves en sus mismos vasallos; solamente conocían de los agravios menores, como eran rencillas livianas, si acaecían entre unos particulares y otros, componiéndolos y dándoles algunos castigos moderados. Los señores de mil vecinos entendían en otros negocios y causas mayores, pero nunca o muy raro a muerte condenaban, al menos sin dar noticia del delito y del castigo que parecía que se debía dar, al tocrico, que parece tenía oficio y poder como el que tenía el procónsul y legado de que hacen mención las leyes de los emperadores, según parece en el Digesto.

Cuando el delito era muy grave, principalmente si el delincuente acaecía ser algún señor, dábase parte al rey Inca, siendo caso de muerte, y la justicia se hacía por su mandado y no sin él.

Iten, en esta cuenta no entraban sino los hombres casados, y no todos, sino de cincuenta años abajo, porque de todos los que de allí subían no se hacía caso para algún servicio ni trabajo ni guerra ni otra cosa de caudal. Los de veinticinco años abajo que no eran casados, contábanse por una misma cosa los padres o deudos que los tenían en cargo y debajo de cuyo gobierno estaban, y todos aquellos no eran contados sino por una casa.

Hizo una provisión admirable, obra de príncipe prudentísimo y providentísimo y pío, digno de inmortal memoria y aun de vivir eternos años. Esta fue, que cerca de los caminos reales, que fueron dos muy señalados, como se dirá, mandó edificar en todas las provincias en los lugares altos y más eminentes, allende sus aposentos que allí había, muchas y grandes casas en rengleras, unas juntas con otras, para alhóndigas y depósitos. Señaló tierras y heredades de las más fértiles y mejores después de las que mandó señalar para los sacrificios y servicio del Sol, con título y nombre de suyas, donde se sembraban todas las cosas de comer y mantenimientos que por toda la tierra era posible hallarse y fructificar. Sembraba estas tierras y cogía y beneficiaba la comunidad los frutos dellas, y a la cosecha, llevaba cierta poca cantidad al Cuzco o a donde el rey residía, más por reconocimiento de la superioridad real que no por otro respecto. Todos los frutos, demás desto, que sobraban, y eran en grandísima cantidad, se reponían, encerraban y guardaban en los depósitos y alhóndigas susodichas grandes, para cuando fuese menester o hubiese de pasar gente de guerra, o cuando querría celebrar algunas fiestas y hacer nuevos y extraordinarios sacrificios. Había en aquellos depósitos infinito maíz, frisoles, habas, papas, camotes, xicamas, quinuas, y otros géneros de raíces y semillas que son grandes mantenimientos. Había depósitos de mucha cantidad de sal, gran provisión de carne al Sol seca, otra mucha copia de salada, pescados secos al Sol y otros salados; de ají o la pimienta que entre todas las más gentes de las Indias es tenido por gran parte de mantenimiento, había abundancia.

Grandes depósitos también de ovejas y carneros vivos, así para comer carne fresca, como para llevar las cargas. Infinita copia de lana, muchos montones de algodón en pelo e hilado, y otro en capullos donde ello se cría, ya secos. Sin número de camisetas de algodón y otras de lana, que, son los vestidos que traen; mantas de las muy ricas y de las comunes. Cabuya y pita, que son diversas especies de cáñamo o sirve de cáñamo; la cabuya es más gruesa y la pita más delgada; mucha hilada y torcida, otra en cerros, della mucho número, de sogas y cordeles y cabestros. Infinita cantidad de cotaras, que son el calzado de los pies, de diversas maneras artificiadas, para que se calzasen los señores y los de menos calidad y la gente común. Había mantas de las muy ricas de lana y pintadas, que solos las vestían los grandes señores; de las naguas, que son las faldillas que se visten las mujeres, muy ricas para las señoras, y otras comunes para las que no lo son. Había grande abundancia de depósitos de toldos, que son las tiendas para por el campo en tiempo de guerra; innumerables armas ofensivas y defensivas, como infinitos arcos y flechas, hachas de armas y porras de cobre de plata; hondas, y para ellas piedras infinitísimas; rodelas, barras y picos de cobre para cortar las sierras y adobar los caminos; plumajes y bixa, que es la color bermeja, y otras colores con que se pintan para se parar feroces y bravos. No se podrá encarecer cuanta provisión había de todas las cosas dichas y con cuán grande abundancia, y esto, en todo tiempo, para paz y para guerra, nunca jamás faltaba; siempre los depósitos estaban llenos y proveídos y las cosas susodichas aparejadas.

Tenía grandes y muy diligentes y fidelísimos mayordomos y guardas, con gran recaudo sobre los dichos depósitos, que los meneaban y limpiaban, para que no se corrompiesen.

De tres en tres años tenía cuidado el tocrico, que era como se dijo el procónsul o legado questaba en lugar del rey, de visitar todos aquellos depósitos y hacellos renovar. Todo lo que allí estaba se repartía por los pobres, comenzando por las viudas y huérfanos, de los cuales siempre aqueste príncipe y todos sus sucesores tuvieron singular cuidado, como parecerá.

Repartidas por los pobres todas las cosas que allí estaban, tornábanse luego a henchir de nuevo los depósitos de los bastimentos y provisiones como de antes estaban. Estas provisiones tenían cargo de traer por sus tributos las provincias de los depósitos más cercanas, cuyos señores y súbditos estaban obligados a ello; porque así estaban los lugares donde los había proporcionados.

Comúnmente, donde se hacían estos depósitos, como siempre la tierra y comarca della era fértil y graciosa, mandaba edificar sus palacios reales y los templos del Sol, como en el capítulo VII se dijo, donde se iba en sus tiempos ordenados a recrear con sus mujeres y casa. Veníales allí el agua, traída de muy lejos por atanores, a las albercas y estanques donde se lavaban y bañaban él y ellas; y esto todo tan bien labrado y pulido como se pudiera edificar y pulir en Granada. Donde quiera que había calientes aguas, tenían notables edificios de baños, donde solo él y sus mujeres entraban a se lavar y bañar.

Frontero de las Casas reales mandó edificar otros aposentos muy grandes, como arriba se recitó, y que tenían cuatrocientos pies de largo y cuarenta de ancho, donde se aposentase la gente de guerra cuando por allí pasase, por no dar molestia o enojo a los pueblos en aposentarla.

Capítulo XIX. De los grandes y maravillosos caminos que mandó construir Pachacutic, uno por la Sierra y otro por Los Llanos, y de los chasquis o postas

Otra provisión dignísima de ser admirada y engrandecida con inmortales alabanzas hizo éste tan prudente príncipe y, sin duda, en todo el mundo digno de ser por tal conocido y nombrado, que fue la de los dos caminos que hubo en aquellos sus reinos, los cuales parecieran cosa soñada, si los nuestros españoles no los vieran y todos, como por una boca, de loallos y encarecellos nunca acabaran; indicio manifestísimo también de la viveza y sutileza el excelente juicio de razón de todas aquellas gentes, que tales obras hayan por sus manos artificiado.

Mandó hacer dos caminos por donde se fuese a todos los reinos y tierra que señoreaba, que comenzaban desde cuasi la tierra de Pasto, arriba de la provincia de Quito, hasta las Chalcas, que al menos son ochocientas leguas, y a las provincias de Chile llegaba, que hay mil y tantas leguas largas, según todos nuestros españoles afirman y claman.

El uno iba por la tierra y provincias de Los Llanos, cuya gente y moradores se llaman yungas, y el otro por las sierras y altos, que aunque ambos son admirables, pero éste de la Sierra es estupendo y extraño. Religiosos prudentes y letrados dicen que estos caminos eran cosa admirable y divina, y discretos seglares afirman que ni romanos ni otras gentes algunas en los edificios destos caminos no les hicieron ventaja.

Las Sierras de aquella parte son altísimas y aspérrimas, por lo cual fue, para hacer el camino que por éstas y entre dos cordilleras va, necesario abrir y cortar sierras espantables y allanallas, y valles profundos henchillos y levantallos.

Lo más angosto deste camino alto es tan ancho, que irán cuatro y seis de caballo corriendo por él a las parejas sin los unos a los otros estorbarse. Va tan llano, que aunque los que van por él a caballo y todos caminantes se ven ir por sierras tan altas y ásperas les parece caminar por los aires, pero la llanura y edificios y gracia o hermosura del camino les causa imaginar que caminan por muy llanos prados. Va tan derecho como si con nivel y cuerda fuera trazado. Por las partes donde la sierra o cuesta no es posible desecharse, lleva unas escaleras de losas por las cuestas abajo, que en un jardín de un reino podría tal edificio en fortaleza y hermosura mejorarse. Por las laderas que pueden los pasos malos desecharse yendo el camino por ellas, es cosa maravillosa la fortaleza que lleva de cantería la pared y reparos y baluartes, que ni por nieves ni por aguas puede jamás derrumbarse. Por la parte de arriba vienen sus acequias empedradas, y traen sus desaguaderos tan ordenados, que cuando llegan al camino pasan por debajo dél cubiertas sin que reciba ningún daño.

Donde acaece haber ciénagas, está todo el camino en aquellos pasos maravillosamente empedrado.

En muchas partes deste camino tiene paredes de piedra, y en algunas, mayormente de la ciudad del Cuzco adelante hasta el Estrecho de Magallanes y provincias de Chile, va señalado en el camino la legua y media legua; por manera que sin reloj ni otra cuenta alguna sabe el caminante donde va y que tanto camino ha andado.

Pasaba por medio de la ciudad del Cuzco y por medio también de los Aposentos reales que había, los más cercanos a seis leguas y los más lejos a doce. Y en medio destos había otros aposentos menores para parar de tres a tres, o de cuatro a cuatro leguas; porque ésta era la jornada que caminaba el rey Inca; y no quería caminar más, porque no se fatigase la gente de su servicio. Y en medio de aquellos había otros menores, llamados cama, como descansaderos, donde bebía él y mandaba que sus criados descansasen y bebiesen.

Tenía cada provincia cargo de los reparos deste camino según la parte que cabía y tocaba a sus términos, en lo cual se ponía suma diligencia.

El otro camino era el de Los Llanos, no menos maravilloso, que el precedente de las sierras. Comenzaba desde Túmbez y duraba bien setecientas leguas. Estaban por todo él los aposentos, y templos, y depósitos y las casas de las monjas o beatas, que llamaban Mamaconas, que servían al Sol en sus templos como en el camino de las sierras; y por haber más aparejo y por ser la tierra más fértil y de regadío había vergeles y casas de placer, donde más se recreaba el rey con sus mujeres, que podía haber en el de las sierras. Tenía de ancho buenos cuarenta pies; de una y de otra parte iba cercado de paredes por todos los valles por la mayor parte, y en especial, dos leguas antes de entrar en él y otras dos después de salido dél, iba todo empedrado, cosa digna de ver.

Todo este camino por ambos a dos lados iba cercado de arboledas fructíferas puestas todas a mano, lo uno para que hiciesen sombra a los caminantes, y lo otro para provisión de los pobres que no llevasen qué comer. Y señaladamente los árboles eran de unos garrobos cuya fruta es como nuestras arrobas, de que hacen cierta manera de pan con que se suelen mantener.

A ciertos trechos, por su orden, salían ciertos caños de agua para que no faltase tampoco el refrescarse y el beber. Salían por aquellos lugares hermosos chorros de fuentes frías, y donde salían calientes, había también baños comunes para que todos se aprovechasen, yentes y vinientes.

Por los lugares que había piedra, iba este camino por entre hiladas de piedra; donde había arenales que carecían de piedras ni había posibilidad de sembrar o poner arboledas ni paredes, iba el camino por entre pilares hechos de madera; por manera, que los que querían caminar por aquel camino tan luengo y de tantas leguas (porque, como dije, iba y se extendía ochocientas, y aún llegaba a más de mil), no tenía necesidad de preguntar por lo que estaba adelante ni tampoco miedo de perderlo. ¿Quién nunca tan luengos caminos ni tan maravillosos, tan proveídos y hechos con tan grande artificio vido en el mundo ni oyó decir? Cierto, según todos los nuestros que los vieron en su prosperidad y ser de la lindeza y artificio, grandeza, longura, anchura, orden y provisión, nunca cesan de contar maravillas.

No es de dejar de referir cerca destos caminos o del caminar por ellos, otra orden no menos digna de nación prudentísima: ésta era, que de tal manera las provincias de las sierras con las de Los llanos estaban compuestas y proporcionadas, combinadas y hermanadas, que correspondía una de Los Llanos a otra de las sierras, y una de las sierras a otra de Los Llanos; por manera, que cuando el rey Inca caminaba por el camino de la Sierra y llegaba a sus Aposentos reales, se juntaban todos los señores de aquella provincia a le servir y hacer reverencia; y allí también los de la provincia de Los Llanos que a aquella correspondía se hallaban. Y cuando iba camino por el de Los Llanos, hallábanse juntos los señores de aquella provincia para le reverenciar y mostrar su obediencia, y descendían también los señores de la provincia que a aquella correspondía de las sierras, y se hallaban juntos con los de Los llanos.

Esto tenía ordenado el prudentísimo príncipe Pachacutic por tres respectos, según es pública voz y fama: el uno, porque, viniendo los unos a la provincia y casas de los otros, se tratasen, y tratándose y conversando juntos en presencia del rey y señor de todos. Naciese de allí amarse y hermanarse; lo segundo, porque, cuando caminase por el camino de las sierras, no le faltase de los pescados de la mar y de las frutas, y provisiones y regalos de Los Llanos, como fuesen más fértiles y hubiese más cosas deleitables que en las sierras, y cuando caminase por Los Llanos, fuese proveído su plato, y también su gente, de las cosas que había en la Sierra de que carecían Los Llanos, lo tercero, porque visitando las provincias y pueblos del un camino, juntamente visitaba las gentes que vivían por el otro, sabiendo y pesquisando lo que en ellos pasaba, las necesidades que había, si acaecían delitos o pecados, si regían bien los que gobernaban, si se hacían a los que poco podían algunos agravios, si había memoria de algunas novedades.

Distaba el un camino del otro cuarenta leguas por lo ancho.

Eran grandes las fiestas y regocijos y alegrías que los señores de las provincias y la gente della hacía cuando en ella entraba, como era de todos tan entrañablemente amado y porque nunca salía dellas sin que les hiciere mercedes, mayormente a los pobres, de quien tenía él muy especial cuidado.

Resta referir otra perfección de bien ordenada república no menos notable que cualquiera otra parte de señalada policía que toca a la materia destos caminos. Éstas eran las postas que tan ligeras este rey y tan prestas en sus reinos, ordenadas y puestas tenía, que aunque no tenían caballos, ni camellos, ni otros animales que para ello sirviesen, la prudencia e industria del príncipe halló otra mejor manera dellas y más fácil que las nuestras y que mucho más corría. Mandó hacer en cada legua tres casillas o chozas junto al camino mil pasos la una de la otra; y allí estaban un mes dos indios, el cual pasado, venían otros dos estar otro. El uno velaba siempre de noche y de día, y el otro descansaba. Ponía estos dos indios el pueblo en cuyos términos estaban las chozas.

Cuando el rey, quería enviar algún mandamiento a algún pueblo o provincia, o a los señores o gobernadores, o ellos respondían a lo que les mandaba o querían dalle aviso de algunas cosas de importancia, decíanla a los indios de la primera posta. El uno dellos, oído lo que se mandaba y fijado bien en su memoria, corría los mil pasos cuanto correr podía con toda furia, y llegado cerca de la otra posta o choza, iba dando voces de manera que el otro que estaba para ello prestísimo, habiendo entendido el mensaje, antes questotro llegase, ya se había partido corriendo con la misma presteza y furia; y desta manera iban de mano en mano todos los otros; y acaecía cada día, que desde Quito al Cuzco, que son casi quinientas leguas, iban las nuevas de lo que se quería hacer saber en poco más de tres días, y algunas veces en menos. Por manera que se corrían más de ciento y sesenta leguas entre día y noche, las cuales no anda una nao aun con bueno y fresco viento en tres días naturales; cosa harto difícil, a prima haz, de creer, pero todos la afirman, religiosos y seglares. Y si bien se considera que intervenían en este camino mil y quinientos hombres corriendo a todo correr, sin parar, día y noche, sucesivamente, puestos en paradas, y tan ligeros y sin impedimento ni embarazos de haldas largas, sino desnudos en cueros, o encima de sus carnes una mantilla de algodón muy delgada, cuando más, no parecerá imposible.

Aquí es, no deberse tener por maravilla que aqueste rey Inca y sus sucesores, estando en Quito, comiesen cada día pescado fresco, llevado de la mar de Túmbez, que hay ciento y veinte leguas, y así, por grandeza de su estado tenían los Incas comer manjares y frutas traídas de muy lejanas tierras.

Para que se diese crédito al mensaje o mensajero, llevaba un cierto palo en la mano, de un palmo o palmo y medio, con ciertas señales, como entre nosotros se usa, que se da crédito al que trae las armas o sello del rey.

Llamábanse estos correos en su lengua chanquis, que quiere decir «el que toma», porque tomaba el mensaje el uno del otro.

Capítulo XX. De los puentes y acequias, templos y Casa reales que ordenó Pachacutic; de los términos y mojones que señaló a cada provincia, y los tocados y formas de la cabeza con que se distinguían unos de otros los naturales dellas

Proveyó de mandar este príncipe, que en todos los ríos principales, por ambos lados caminos reales, mayormente por el de la Sierra, se hiciesen puentes, los cuales se hiciesen maravillosos y de mucho artificio e ingenio. En lo más angosto de los ríos, que son caudalosísimos, por donde va el camino real, edificaron de una parte y de otra a la lengua del agua, ciertos pilares de cal y canto o piedra, muy anchos y muy altos. Del uno al otro iban cinco maromas tan gruesas como el muslo, de bejucos, que son como correas de la manera de las de la yedra, puesto que mejores y muy más recias. Sobre ellas tejían de varas muy delgadas un cañizo tan ancho como braza y media. Dende los lados subían otras sogas gruesas tejidas como red, tan altas como hasta los pechos, a manera de barandas. Echaban mucha yerba como cáñamo y muy espesa en el cañizo, porque pasaban por las puentes hombres y mujeres y niños y bestias, las que ellos tenían, como ovejas y carneros, y lo que mucho más es, los españoles con sus caballos.

Había siempre dos puentes juntas, una por donde pasasen los hombres, y otra para las mujeres; y en muchas provincias, en especial en las de Los Llanos, había lo mismo dos caminos para ir a los lugares y pueblos, el uno de los varones y el otro de las mujeres.

El artificio con que sacaban las aguas destos poderosos ríos por acequias y traellas por las sierras altísimas y repartillas y aprovecharse dellas sin que se les perdiese gota, dicen algunos españoles, que, al parecer de muchos, pocos ningunos les hicieron ventaja de los nacidos. Descendían las aguas por aquellas acequias para regar los llanos y valles donde nunca jamás llueve, con las cuales regaban sus heredades y sementeras, que todos aquellos valles no parecían sino unos vergeles hechos de mano, pintados todos de arboledas y yerbas por las hileras de las acequias, como si fueran cada un paraíso de deleites; y tanto los encarecen los nuestros, que afirman en todo lo más de la redondez del mundo más hermosos ni más bien labrados y adornados no se figurarían.

De los otros edificios de los templos y de sus Casas reales que mandó hacer en diversas partes tan suntuosos y tan riquísimos, y la fortaleza que hizo o mandó hacer en su ciudad real del Cuzco, puesto que algunos indios la atribuyen a su hijo Tepa Inca, que le sucedió inmediatamente, asaz queda en los capítulos II y VII dellos dicho.

Mando que todos los pueblos pusiesen límites y amojonasen sus términos de ciertas señales o mojones pequeños, pero los de las provincias los pusiesen mayores y más señalados; porque los pueblos de cada provincia eran cuasi todos una misma cosa, por estar debajo de un señor; mas, los de una provincia parece (sic) ser más distintos y haber otras distinciones, y así convenía que fuesen mayores.

Tenía ordenado por todos sus reinos, que todos los vecinos de cada provincia, que eran diez mil vecinos, trajesen sobre su cabeza una señal en que fuesen conocidos de los de las otras; y así, unos traían unos aros de cedazos; otros los cabellos hechos cuerdas muy menudas y muy largas; otros unas trenzaderas negras de lana de tres o cuatro vueltas, de anchor de cuatro dedos; otros otras trenzas de largor de dos o tres brazas, de anchor de un dedo, también de lana; otros unas hondas de un hilo como de cáñamo; otros un gran pedazo de lana hilado, largo como madeja; otros unos pedazos muy largos y muy delgados de una toca muy de algodón, revueltos a la cabeza como almaizar morisco. Finalmente, no había provincia en toda la tierra, con ser innumerables, que los vecinos de cada una no trajesen su señal en la cabeza, que entrando en la plaza de la ciudad del Cuzco, en la cual entraban por cuatro partes, como en cruz, y viéndolos de lejos, no conociesen de qué provincia eran, sin que más del traje viesen; y esto hasta hoy dura.

A aquesta diligencia destas señales para conocerse las personas de qué provincias eran, parece poderse ayuntar la costumbre antigua, que también tenía cada provincia, de formar las mismas cabezas, porque fuesen conocidos los vecinos de cada una della; y así, cuando infantes, que acababan de nacer, y de allí adelante, mientras tenían las cabezas muy tiernas, les ataban ciertas vendas o paños con que se las amoldaban según la forma que querían que tuviesen las cabezas; y así, unos las formaban anchas de frente y angostas del colodrillo; otros anchas de colodrillo y angostas de frente; otros altas y empinadas, y otros bajas; otros angostas; otros altas y angostas; otros altas y anchas, y otros de otras maneras; finalmente, que en las formas de las cabezas tenían muchas invenciones, y ninguna provincia, al menos de las principales, había que no tuviese forma diferente de las otras de cabezas.

Los señores tomaron para sí y para todo su linaje, que se llamaba Incas, tres diferencias de cabezas, puesto que después algunas dellas comunicaron a otros señores de algunas provincias, sin que fuesen del linaje de los Incas, por especial privilegio. La una era que acostumbraron a formar las cabezas que fuesen algo largas, y no mucho, y muy delgadas y empinadas en lo alto dellas, y lo que a mí parece; por haber visto alguno de los señores del linaje de los Incas, la forma dellas era ni más ni menos que la de un mortero. La segunda fue, que andaban siempre trasquilados, no muy atusados sino como trasquilado de tiempo de seis meses. La tercera, que traían una cinta negra de lana del anchor de un dedo y de tres o cuatro varas en largo alrededor de la cabeza. Y allende desto, el rey o señor supremo, que antonomatice y por excelencia llamaban Inca o Capac (que significa emperador y soberano príncipe), traía al cabo desta cinta una borla colorada o de grana, grande y de fina lana, que le colgaba sobre la frente hasta casi la nariz, la cual echaba él a un lado cuando quería ver; por autoridad y majestad echábasela en medio del rostro, porque no le mirase alguno en él sino cuando él quisiese que le viesen.

Capítulo XXI. De la universal obediencia y sumisión que al Inca se tributaba; privilegios y distinciones; educación de los hijos de los nobles; castigo de los rebeldes; unidad de lengua; piedad y caridad de Pachacutic; comía en publico en las plazas como sus vasallos

Fue grande la autoridad y majestad que este rey Pachacutic y sus sucesores mostraron y tuvieron; y así, todos los señores sujetos suyos y súbditos dellos y los de todos sus reinos los tenían en grandísima veneración y era suma la obediencia y amor que les habían. Ningún señor y rey, por grande y rico y poderoso que fuese, podía entrar ni parecer ante él sino descalzo de sus zapatos, que llaman uxotas, y con alguna carguilla a cuestas, la cual tornaba antes que llegase a la puerta de donde Inca estaba. Lo mismo ningún señor se asentaba delante dél en las sillas bajas junto con el suelo que los desta Isla española llamaban duohos, sin su especial mandado, sino que cuando se asentaba, era en el suelo. Tampoco podía tener silla en su casa ni en otro lugar alguno si él no se la daba y licencia para que se pudiese en ella asentar.

Él andaba solo en andas de oro macizo todas sobre hombros de hombres, y era gran dignidad y favor ser uno de aquellos que a cuestas lo llevaban, y éstos eran en muchos honores y gracias muy privilegiados, como agora son los de la boca del emperador. Ninguno otro podía tener ni andar en andas de ningún metal ni de otra materia, por gran señor que fuese, sin su particular licencia, y concedérsele era sumo privilegio, y en todos sus reinos no había seis a quien concedido lo hubiese, habiendo infinitos grandes señores. A algunos señores de los no muy grandes daba licencia y privilegio que pudiesen andar en hamacas, en que iban también a hombros de hombres, pero iban echados y envueltos como si fueran en una larga honda porque de aquella manera son; ni podían ir asentados que los viesen los circunstantes, aunque por la disposición de la hamaca fuera posible, porque era privilegio ir en hombros de otros asentados que se pudiesen ver. Por manera que estas gentes tenían en suma reverencia a sus reyes y les eran obedientísimas y en gran manera sujetas.

Todos los señores eran obligados, por haberlo él así ordenado y mandado, de enviar sus hijos, desque llegaban a quince años, a la corte, que allí se criasen y sirviesen al señor; y tenían en el Cuzco sus casas y servicio para que aprendiesen la lengua general de aquella ciudad y policía della, y cómo habían de obedecer al rey, y así él les tomase amor y experimentase para cuánto podían ser por su prudencia y habilidad, y ellos se desenvolviesen y aprendiesen crianza y buenas costumbres, andando en el Palacio real, y sobre todo, para tener prendas de todos los señores de sus reinos que le serían sujetos y no harían novedad. Mayormente se les enseñaba la obediencia y fidelidad que al rey debían tener, porque sobre todos los delitos aborrecía el Inca los que no obedecían y se rebelaban, y éstos eran tenidos por las gentes propias y antiguas y súbditas de Inca, como los del Cuzco, en grande oprobio, y siempre los vituperaban de palabra, y los llamaban abzaes, que quiere decir traidores a su señor; y esta palabra es la más ignominiosa y de mayor afrenta que se puede decir a hombre de todo el Perú; y así, el Inca que anda alzado contra los españoles, llama a los indios de todos aquellos reinos abzaes traidores, porque no le quieren obedecer y servir por miedo de los españoles.

Y a los que alguna vez se habían rebelado, este rey Pachacutic no les dejaba tener algún género de armas, y siempre andaban abatidos y de todos corridos y vituperados. Y esto es cierto, que ningún hijo de señor y Principal nacía en aquellos reinos, que no hubiese gran cuidado con él su padre sobre que aprendiese la lengua del Cuzco, y la manera que había de tener en saber obedecer y servir y ser fidelísimo, así al rey Inca, como a sus mayores; y aquel que no sabía la lengua del Cuzco o para la saber era inhábil, no le daban jamás señorío por la dicha causa; y aún agora se ven algunos de los señores, puesto que todo está disipado y desordenado después que entramos en aquellas tierras; el cual mandaba a sus hijos que aprendiesen con diligencia la lengua española, y les enseñaba cómo habían de servir y de obedecer a los cristianos por la misma causa; y esto procedía de la loable costumbre que tenían en tiempo deste rey Pachacutic Inca; y esto testifican así como aquí lo digo, los mismos seglares.

Cuando morían los padres de los niños generosos que se criaban en la corte, si eran de edad y para gobernar sabios, dábales licencia el Inca para que fuesen a heredar los Estados de sus padres y gobernar sus vasallos; pero si para gobernarlos había conocido no ser hábiles, proveía de señor o gobernador como mejor le parecía convenir al pueblo; y lo mismo si no eran de edad, para en tanto que lo fuesen.

Tenía también Pachacutic Inca esta orden: que a los hijos y descendientes de los que sublimaba, poniéndolos en cargos, gobernaciones y oficios honrosos, nunca se los quitaba, puesto que los padres hiciesen algún mal recaudo, a los cuales solamente con muerte o con otra pena, según la calidad del delito, castigase. Y en esto era harto conforme con la divina ley nuestra: non portabit filius iniquitatem patris, etc.

También ordenó que todos los reyes y señores y personas principales de todo su Imperio hablasen la misma lengua de la ciudad del Cuzco, como más general; porque decía que así se comunicarían mejor, y comunicándose las provincias, engendrársela entrellas amor, de donde se seguiría tener perpetua paz; y también porque los que venían de luengas tierras a negociar con él, no tuviesen de intérpretes necesidad.

No sin causa grande fue aqueste tan piadoso príncipe de todos sus reinos muy amado, porque aunque carecía de lumbre de fe ni tenía noticia de aquel precepto divino: quod superst date elemosinam; y aquel que refiere san Juan en su Canonica: Qui habuerit substantiam huius mundi, et viderit fratrem suum necesse haberet, et clauserit viscera, etc.; no le faltaba piedad y compasión natural de hombre compasivo y humano para con los pobres y necesitados, ni providencia y cuidado real de bueno y virtuosísimo príncipe, proveyendo a las necesidades extremas y ordinarias de sus indigentes vasallos. Todos a una boca, indios y religiosos y seglares, nuestros españoles cristianos afirman ser este príncipe amicísimo y avidísimo de proveer las necesidades de los pobres. Era solícito, y los reyes sus sucesores siempre lo acostumbraron, de tener cuenta con los pobres y viudas y huérfanos y saber todos los que había en sus reinos, aunque eran mayores (porque diga las mismas, palabras que dice un seglar bueno que inquirió esto bien y nos lo dio por escrito) que España y Francia y Alemania.

Tenía ordenado y mandado que todos los señores y gobernadores que tenía puestos en las provincias, tuviesen cuidado de tener cuenta y razón, y enviársela, de cada uno de los pobres, viudas, huérfanos y menesterosos que había en su provincia, tierra y gobernación. Recibida esta relación, mandaba que se les proveyese a todos de sus propias rentas de suficiente limosna, no solo para la comida y sustentación ordinaria, pero para criar los niños huérfanos y casar las doncellas que no tenían padre ni madre. Y así, con los pobres, por muchos que fuesen, los pueblos de todos aquellos reinos no recibían vejación ni pesadumbre alguna y estaban dellos descuidados. Y para esto tenía también ordenado que ningún indio particular se moviese a ir de una parte a otra de su provincia o pueblo sin ciencia y licencia y mandado de sus señores o gobernadores y principales; y los que aquesto quebrantaban y andaban desmandados, eran muy rigurosamente castigados. Y especialmente había mandado tener gran rigor en que no hubiese vagabundo alguno, sino que todos tuviesen y trabajasen para tener de comer en sus pueblos y repúblicas.

Hacía otra obra de benignidad real ejemplar no solo de piadoso humilde príncipe y en gran manera humano, pero de caritativo rey y cristiano, conviene a saber: que no comía vez alguna que no mandase traer y pusiese a comer consigo tres o cuatro pobres muchachos o viejos de los primeros que por allí se hallaban, que no se lee más de san Luis rey de Francia.

Introdujo este señor otra costumbre harto (por ser conforme a la simplicidad de los antiguos) loable. Esta fue, que todos comiesen en las plazas, y para la introducir, él fue quien mejor la usaba. En saliendo el Sol, él salía de sus palacios y íbase a la plaza; y si hacía frío, hacían fuego grande, y si llovía, tenían una gran casa conforme al pueblo donde se hallaban. Después de haber estado un rato platicando y la hora que acostumbraban de almorzar se allegaba, venían las mujeres de todos los que allí estaban con sus comidas en sus ollitas guisadas y sus cantarillos de vino a las espaldas; y si allí se hallaba el señor, por su comida y servicio comenzaban, y luego servían a los demás. A cada uno servía y daba de comer su mujer, y al señor lo mismo, aunque fuese el mismo Inca, le servía la reina, su principal mujer, los primeros platos y la primera vez de beber; los demás servicios hacían los criados y criadas. A las espaldas de cada vecino, se ponía su mujer espaldas con él espaldas; de allí le servía todo lo demás, y después del primer plato, comía ella de lo que había traído en su plato apartado, estando, como dije, a las espaldas.

Unos a otros se convidaban de lo que cada uno tenía, y se levantaban con ello a dárselo, así de la bebida como de los manjares. Nunca jamás bebían sin que de comer hubiesen acabado. Convidábanse con el beber, cada uno a su amigo, y cualquiera que convidaba al señor, el señor lo tomaba de su mano y bebía de buena gana.

Fenecido el almuerzo, si era día de sus fiestas, cantaban y bailaban y estábanse allí todo el día holgando; pero sí era día de trabajo, todos se iban luego cada uno a su oficio a trabajar.

Esto hacían cada día al almorzar, que era su comida principal. A la noche, cada uno cenaba en su casa de lo que tenía; y nunca comían más de dos veces, y la principal era la de la mañana.

Comían todos en el suelo sobre un unas esteretas sentados, y diversidad de guisados, todos los más con ají o pimienta de la verde o colorada, y de cada cosa poquito, porque todo lo que aparejan para sus comidas es cuasi nada. Ninguno ha de estar mirando a los que comen que no coma de lo que los otros; porque, como ya he dicho arriba, no hay generación en el mundo que así lo que tiene con los que no tienen reparta. Y dicen de nosotros los cristianos que somos gente mala, porque comemos solos y no convidamos a nadie, y burlan de nosotros cuando nosotros nos convidamos parlando, y que ellos convidan de veras y de obra, no de palabra. Los cuales, aunque no tengan sino un grano de maíz, lo han de partir con los que estuvieren delante, todo con abiertas entrañas, forzando de veras a los que rehusan, cuando ven que tienen los otros poco, tomallo.

Son gente en el comer y beber muy templada; y aunque algunos en algunas fiestas solemnísimas y regocijos grandes se embeodaban, siempre lo tuvieron por vicio y por malo embriagarse. Y mayormente la gente noble tenía en poca estima el que de vino se cargaba; pero, si no se embria-gaba, al que bebía mucho vino tenían por valiente hombre; y en algunas grandes fiestas se desafiaban a beber, poniendo grandes apuestas con esta condición, que aunque bebiese mucho, si se emborrachaba, nunca ganase; porque decían, que, estando borracho, ya era otro del que había apostado, y así, no le pertenecía ganar algo.

Dije que comer en la plaza era conforme a la simplicidad antigua, porque así lo dice Valerio Máximo, libro 2.º, capítulo I.º de Institutis antiquis: que antiguamente, cuando la simplicidad en el comer loable solía ser guardada y alabada, indicio de humanidad y de continencia, los grandes señores no tenían por indecente cosa comer y cenar en público, aunque todo el pueblo los mirase.

La razón da Valerio Máximo, porque (dice él) no solían comer tantos ni tales manjares que tuviesen vergüenza de que el pueblo por ellos los reprendiese o detestase; porque tenían tanto cuidado de la templanza, que el más frecuente manjar que comer usaban, eran puchas, que se hacen de harina y sal y agua. Destas puchas dice Plinio (libro 18.º, capítulo 8.º) que no poco tiempo por pan usaron los romanos.

Capítulo XXII. De la sujeción, veneración y reverencia a los señores de su Imperio que Pachacutic impuso a sus vasallos, y entre ellos de los inferiores a los superiores, e influencia de esta orden en las costumbres, y especialmente en la conducta de la gente de guerra. Causas y razones que le movían a declararla y hacerla. Modo de pelear. Su prudencia política después de la paz o la victoria

Puso este señor y príncipe admirable ley y orden cerca de la obediencia que se había de tener a los otros señores, sus inferiores, por sus vasallos, y gran sujeción, a lo cual todas aquellas gentes tenían y tienen, las que dellas hay, naturalísima inclinación, y quedoles esta obediencia y humilísima sujeción tan plantada y entrañada, que como cosa en sus propias raíces naturales asentada y nacida o arraigada, dificilísimamente o nunca se puede, sino con tanta violencia que venza toda la fuerza natural, desarraigar la obediencia y reverencia a sus mayores y consideración de mayoría entre sí mismos unos con otros; así, no se les puede desentrañar ni por ningunas interposiciones o interpolaciones olvidar. Esto parece, porque acaece cincuenta y cien personas principales ir juntos, y tienen tanto miramiento en que el mayor vaya delante, y luego el qués mayor después de aquél, y luego el que por su mayoría debe tener el tercero lugar y así los demás, que no hay procesión de religiosos muy ordenados que mejor vayan puestos cada uno en su lugar, que todos ellos se componen y van por la razón y conocimiento y respeto que tienen al mayor guiados.

La misma orden guardan, sin faltar un punto, en el servicio de la comida y bebida, si comen y beben juntos; lo mismo en el hablar y en el responder; y desto harto habemos visto por nuestros ojos en otras partes destas Indias.

Semejantemente guardan en todas las otras cosas de buena crianza y respeto que se debe tener a los mayores; de aquí es que tienen tanta reverencia y obediencia a sus señores, que apenas les osan mirar por un momento a las caras, que luego, aunque le estén hablando, no bajen los ojos.

Desta orden y ley puesta por este príncipe tan prudente, y de la natural buena inclinación de todas aquellas naciones, procedió ser la gente de guerra tan morigerada, soliendo ser aquel género de hombres tan viciosos e indisciplinables, que nunca fueron frailes en sus conventos más obedientes a su perlado ni más quietos sin hacer daños, que aquellos eran a sus capitanes y daño ni molestia hiciesen por donde pasaban. Esto no es fábula sino verdad de todos los nuestros que noticia tuvieron ocular, ingenuamente confesada.

Cuando caminaban, ninguno se había de apartar un dedo del camino real a ninguna parte, y aunque la fruta de los árboles que estaban por los caminos (como dijimos) colgase al camino sobre las paredes, ninguno había que osare alzar la mano a tomarla, porque no menor pena que la muerte se les había de dar. Y para esto había muy grandes recaudos de guardas para ver si alguno se desmandaba, y si lo hubiera, él o su capitán lo habían bien de lastar. Y esto era cosa prodigiosa que acaecía ir cien mil hombres juntos de guerra, que de tan desenfrenada libertad para hacer mal suelen usar desque se ven muchos juntos, y que fuesen con tanta modestia y tan recogidos y ordenados.

Por los caminos tenían todas las cosas que habían menester en abundancia o en los depósitos principales de que arriba hemos hablado, o en ciertas casas, que llamaban tambos, como mesones, de más de ciento y cincuenta pasos en luengo, muy anchas y espaciosas, limpias y aderezadas con muchas puertas y ventanas, porque estuviesen alegres y claras, llenas de provisiones para esta gente, a cada jornada. En ellas se daba la ración de comida que había menester cada persona dellos y sus mujeres y criados, y de todo lo demás de que tenían necesidad, o de vestidos o calzados o de armas; y esto sin bullicio y reñillas (sic), ni desabrimiento ni turbación alguna más que si fueran padres e hijos de una casa.

Cuando llegaban a los pueblos y ciudades, o se iban derechos a las plazas, o fuera dellos en el campo se alojaban, y luego le era allí traído todo lo necesario. Ni tenían necesidad, ni ocasión por ella, de ir a buscar cosa que les faltare, ni osaban ir a buscalla, porque había gran cuidado y rigor y castigo contra los que hicieran al contrario; y así estaban los vecinos asaz seguros de recibir molestia ni algún agravio ni que cosa de sus casas les faltase.

Las causas de las guerras que este señor movía comúnmente y los que le sucedieron, eran, o sobre que las provincias de su señorío se venían a quejar que otros extraños les hacían algunos daños e injuriaban, o porque alguno de los reyes o provincias de las que le eran sujetas se le rebelaba, o también alguna vez quizá buscaban algunos de los sucesores achaques para dilatar su principado. Y desto asaz tenemos ejemplos en muchas naciones pasadas, y entrellas las de los romanos; y pluguiese a Dios que no fuese peor hoy entre los que nos llamamos cristianos.

Primero que otra cosa, cuando había de hacer alguna guerra, enviaba un mensajero con una porra de armas en la mano, como rey darmas, o a un capitán con alguna gente a los enemigos, y aquella porra llevaba cierta señal real colgada, lo cual era señal de amonestación y amenaza. Con aquella porra era el que la llevaba tan recibido y obedecido, acatado y reverenciado, como si en persona propia fuera, y sino, era cierta la venganza.

Si el rey o provincia contra quien determinaba de se armar era no muy ardua o muy grande, constituía un deudo suyo por capitán general; pero si era cosa grande, iba con el ejército su persona real.

Por cualquier causa que la guerra fuese movida, cada y cuando que le saliesen de paz y lo diesen la obediencia, los recibía con benignidad, tomando alguna gente para se servir y dar a los capitanes como por esclavos; pero no era la servidumbre como la que nosotros usamos con muchas partes (sic); todo el menos daño que se podía hacer se hacía, por haberlo él así ordenado y mandado.

Los que sujetaba de nuevo mandaba luego vestir al uso del Cuzco ellos y sus mujeres, y que hiciesen casas de piedra y templos al Sol, y se proveyese de amaconas (sic), beatas o monjas que le sirviesen, y del servicio demás; ítem, las Casas reales y las casas para depósitos, y aposentos también para la gente darmas de la manera questá dicho atrás.

No juntaba ejercito que no lo pagase de sus rentas, servicios y tributos sin que a los pueblos causase alguna vejación.

La manera de pelear era ésta: que cercada la una batalla de la otra y cuanto las piedras podían llegar lo primero con que peleaban era con las hondas y como nosotros con la artillería, y en esto eran muy diestros, ciertos y certeros como experimentados. Las piedras que tiraban eran hechizas y al propósito amaestradas. A su tiempo, cuando estaban más cerca desarmaban los flecheros sus arcos. De allí, acercándose más, peleaban los de las lanzas y rodelas hasta picarse y matarse con ellas. Cuando ya poco a poco se llegaban a estar juntos, venían a las manos y peleaban con unas porras que traían ceñidas y eran de piedras horadadas, y otras de metal o cobre a manera de estrella con un astil que les pasaba por medio, cuasi de cuatro palmos. Con éstas se aporreaban bien y se mataban. Traían eso mismo unas hachuelas pequeñas como de armas, al otro lado, las cuales se ataban a las muñecas con ciertas manijas de cuerda como fiadores, porque no se los soltasen peleando, con un astil como de tres palmos, y con éstas se hacían grande daño y cortábanse las cabezas como con una espada.

Al tiempo que ya se comenzaban a juntar y herirse con las manos, los orejones, que eran los caballeros, y que de morir en las guerras por el rey Inca y por la patria, como caballeros, habían hecho profesión, subíanse luego a tomar los altos y las sierras y rebentones ásperos, porque éste era su principal negocio y ocupación en el pelear. Para combatir fortalezas y pasos dificultosos y ásperos, tenían unas rodelas (por mejor nombre creo que es llamallas mantas) tejidas de palo y algodón, con cada una de las cuales se cubrían lo menos veinte hombres y de cualesquiera golpes de piedras y de otras armas se mamparaban. Finalmente, alcanzada la victoria, no eran crueles; antes, después de vencidos los contrarios, fácilmente se aplacaban y perdonaban. Todo lo más desto queda dicho arriba en el capítulo V a la larga.

Capítulo XXIII. De los contadores mayores que instituyó este Inca y de sus cargos y atribuciones, y cómo llevaban sus cuentas y con qué. De los tributos y distribución de las provisiones de boca almacenadas en los depósitos. Comparación de los señores y gente de Los Llanos con los de la Sierra, en sus costumbres, trajes y género de vida

Proveyó este rey prudentísimo que hubiese por las provincias de sus reinos contadores mayores en los asientos arriba dichos donde había grandes depósitos. Estos tenían tanta cuenta y razón en todo lo que se sustentaba y gastaba y repartía y a quién y cómo y cuándo y por qué causas, que era cosa digna de toda memoria y admiración. Tenían cuenta de todos los que nacían y se morían y de qué enfermedades; cuántos niños, cuántos muchachos y muchachas, cuántos viejos y viejas; cuántos se habían ausentado de cada provincia y por qué causa; cuantos y de dónde a ella habían venido y todo el número de la gente que había, que uno solo no erraba. Este contador mayor tenía en cada pueblo un teniente y contador menor, que llamaban Llactacamayoc, que quiere decir la guarda del pueblo. Éstos daban cuenta muy por menudo al mayor, que habitaba en el asiento principal, de todas las cosas que a su cargo estaban, y el mayor luego en la suya lo asentaba.

Cuando el rey pasaba con ejército o sin él, que se gastaba o distribuía mucho, poníase por cuenta todo el maíz, todas las comidas, todas las ropas, los calzados, las armas, las hondas, los arcos, las flechas, las porras, las lanzas, las rodelas, y hasta las piedras cuántas se daban para tirar con las hondas; por manera, que no se daba cosa, aunque se diese y repartiese a cien mil soldados, que no se asentaba y quedaba del cuándo y cómo y cuánto y a quién, razón y memoria y recuerdo.

La cuenta de aquellas gentes del Perú no eran pinturas, como la de la Nueva España, y tampoco era como la nuestra, porque ambas fueran harto fáciles, sino otra más que todas memorable y admirable. Y eran unos ñudos en unas cuerdas de lana o algodón. Unos cordeles son blancos, otros negros, otros verdes y otros amarillos y otros colorados. En aquellos hacen unos ñudos, unos grandes y otros chicos, como de cordón de san Francisco, de unidades, decenas, centenas y millares, por los cuales más fácilmente se entienden que nosotros con nuestras cuentas de alguarismo y de las llanas; y lo que más de todo nos admira, que están tan diestros y resolutos en aquellas cuentas, aunque sean viejas de muchos años, que si agora se les pidiese cuenta de los gastos que se hicieron pasando la gente de guerra del rey Guaynacapa, que murió más ha de treinta y cinco años, la darían tan verdadera, que un grano de maíz no faltase. Tienen destos cordoncillos llenos de ñudos sus rimeros tan grandes y tantos, que tienen casas llenas donde saben o tienen memoria de sus antigüedades. Cosa dignísima de oír y de ver y saber más que admirable.

Cerca de los tributos con que las gentes de sus reinos le servían, ordenó este príncipe, y después dél los sucesores siempre lo guardaron, que el principal tributo fuese aquellas sementeras que están dichas en cada provincia. Dellas le llevaban los más propincuos alguna comida donde él estaba; lo demás se encerraba en los depósitos que para ello eran edificados, para gastarse en las obras que ya se han dicho. También si venía algún año estéril sacaban de aquellos depósitos y repartíase por la comunidad. Servíanle eso mismo con tributos de las demás cosas que alcanzaban en sus tierras y con algún pescado que le traían de la mar y de los ríos, todo en muy poca cantidad, más por el reconocimiento del señorío, que por el provecho que dello había. Y por esta causa, nuestros religiosos, escudriñando esto, han oído a viejos indios, que de ciertos pueblos que había en los arenales estériles, donde pocas cosas provechosas se daban, se contentaba este señor con que le tributasen algunas lagartijas, porque allí se criaban muchas.

Los reyes y grandes señores le servían con algún oro y plata y con vasos hechos dello, esto, no cosa limitada, sino lo que a cada señor le parecía; y no de todas las tierras y provincias, sino de solas aquellas donde había minas.

Item, en todas las minas principales estaban indios cierta parte del año que le sacaban oro, no más de tres o cuatro de cada provincia, y de aquellas provincias questaban junto con las minas. Éstos estaban allí con sus casas el tiempo que les cabía, y dábales de comer la república que allí los ponía. Y esto era muy poco; porque aquellas gentes y los señores dellas hizo Dios y la Naturaleza muy desnudos de codicia de oro y plata, porque de nada les servía para la sustentación humana y natural, y como de cosa superflua, ya que lo habían en tanta cantidad, usaban destos metales para vasos y tazas para beber y comer, y para las sillas en que se asentaba el Inca, y algunas joyas para se adornar y que para esto era menester; y principalmente todo lo empleaban en el culto divino y para el servicio y honor de Dios verdadero, o de aquello que estimaban por verdadero Dios. Para esto (ya que faltaba la codicia de atesorar) bastaba lo que cada provincia daba, que era poco; sino que como eran muchas, allegábase mucha cantidad. Y no daba entonces a un rey tan poderoso toda una provincia que tenía diez mil vecinos cuanto es lo que agora contribuye un pueblo de quinientos a uno de los españoles que llaman comendero (sic); y esto es cierto, y así lo afirman los que allí lo han examinado y averiguado, que son siervos de Dios.

Tributaban también algunos dellos ropa de lana, y éstos eran los serranos; y los yungas, que son los de Los Llanos, servían con la hecha de algodón. Ésta era muy fina y muy curiosa, de diversidad de colores finísimos, que hacen de ciertas yerbas. Era cosa de ver y digna de admirar. Y para la más della daba el mismo señor Inca de sus ovejas la lana, y el pueblo solamente servía con la industria y artificio de hacella.

Ninguno daba tributo en cosa que en su tierra no tuviese.

Destas ropas andaban todas aquellas gentes vestidos, por orden y mandamiento de Inca, este príncipe (sic), los de la Sierra las vestiduras de lana, y los de Los Llanos, de algodón, hechas todas de una misma hechura: los hombres unas camisetas como camisas, sin collares, las mangas hasta los codos, y de largo hasta poco más de la rodilla, y encima de las camisetas unas mantas de dos varas y media en cuadro, y éstas se cubren sobre las camisetas como capa. Traen todos unos pañicos menores como los religiosos de san Francisco, excepto que los serranos usaban aquellos pañetes desde que eran de dieciocho años arriba, y los de Los Llanos, los niños cuasi desque nacían. Las mujeres serranas traían sobre las camisetas unas mantas grandes hasta en pies (sic), ceñidas con unas cintas grandes de lana de muchas vueltas y tan anchas como un palmo, y presas aquellas mantas con unos alfileres muy grandes, tan largos como un palmo y tan gordos como una paja de trigo, sin cabezas, y en lugar dellas, unas como hojas de naranjo, Son estos alfileres de oro y de plata y de cobre, según el estado y calidad o dignidad de la persona. También aquellas cintas que dije, traían los señores de oro y de plata muy primas. Encima destas mantas traían cubiertas unas otras (sic) mantas como mantellinas largas, que cubren los brazos y astas (sic) las corvas.

El traje de las mujeres de Los Llanos es una saya larga de hasta la garganta del pie. Las señoras la traen ceñida, y encima desta una mantellina como las de la Sierra; todo esto de algodón, hábito, cierto, honestísimo, porque sube hasta el cuello.

Estas naciones de Los Llanos tenían en gran veneración a los de las sierras, así señores como súbditos, así como un escudero tiene respecto a un Grande, y por el contrario, los de las sierras estimaban en poco a los de Los Llanos; lo uno, porque los de las sierras eran más valientes hombres en las guerras, que doscientos dellos acometían a dos mil de Los Llanos, lo otro, porque los señores de las sierras tenían por muy regalados y haraganes, holgazanes, soberbios y viciosos a los de Los Llanos, y por eso los tenían en poco.

Los señores de Los Llanos servíanse con grandes ceremonias; siempre que caminaban era en hamacas, y lo mismo en ellas llevaban a sus mujeres; y el mayor señor se mostraba en llevar más hombres que llevasen las hamacas, como si un señor entre nosotros, para mostrar su grandeza, llevase consigo muchas literas para remudar de una en otra cuando quisiese, o para ostentación de su grandeza. Y así, había señor en Los Llanos que llevaba en sus caminos doscientos y trescientos hamaqueros suyos y de sus mujeres.

Mostraban también estos señores de Los Llanos su autoridad y potencia en que, cuando iban caminos largos o cercanos, llevaban consigo gran taberna; porque a donde quiera quel señor parase, mientras allí estuviese, había de ser beber de su chicha, ques como cerveza.

Mostraban en más su autoridad, que cada vez que salían de su casa, llevaban tres o cuatro trompetas, que son como clarines, y sus truhanes, que les están solaciando mientras comen y beben, y diciendo gracias. Lo mismo para sus mujeres no faltan truhanes; las cuales aman y tienen en mucho y son celosísimos dellas, en tanto, que ninguno hombre de muchos que tenían en su servicio, había de ser sino castrado del todo, raso.

Los vecinos todos de las sierras era gente áspera, no nada delicada, ni curaba de regalos, y así, era guerrera. Donde quiera que iba llevaba sus armas consigo y sus toldos o tiendas, debajo de que dormían ellos y sus mujeres, que llevan (sic) consigo para que los sirviese, por los grandes fríos y nieves y aguas. Los señores y señoras, por grandes que fuesen, tenían por afrenta ir en hamacas y en hombros de hombres; y así, también como los súbditos, iba a pie, y sus mujeres no menos, sino era cuando era muy viejo o estaba enfermo, y la señora si estaba preñada. De sus mujeres, una le lleva (sic) sus mantas y camisetas; otra la comida; otra la ropa de su cama; dos o tres pajes le llevan sus armas. Préscianse de hombres dispuestos y feroces. Tienen en poco a sus mujeres; así, que si les cometen adulterio quellos lo sepan o barrunten, luego las matan.

Comen asentados en sus duhos o asientos bajos, que les llevan siempre de camino, y muchos manjares, o de diversas maneras guisados, sirviéndoselos sus propias mujeres, lo que no hacen los señores de Los Llanos, porque tienen para ello sus cocineros y oficiales. Comen los de la Sierra por pan maíz en grano tostado y cocido, y beben chicha, con otros guisados y bebidas que sus mujeres les hacen. Y acordémonos que, antiguamente, por pan comían pulchas (sic) de harina y agua y sal, no poco tiempo, los romanos.

Quiero aquí añadir una virtud común a todas aquellas gentes, grande y admirable, y ésta es, que si una vez prometen o juran (y creo quel juramento es por el Sol) de guardar secreto y no decir lo que se les ha por secreto encomendado, excusado es sacárselo, aunque les hagan pedazos. Argumento es esto, que, recibiendo nuestra santa fe, haciendo juramento, temerían de ofender a Dios en quebrantallo.

Capítulo XXIV. En el cual se contienen algunas de las leyes que había este rey establecido, mayormente la costumbre que tenía de honrar y solemnizar los matrimonios de sus vasallos; cómo no había mala mujer alguna; y de la virtuosa honestidad que las mujeres guardaban, etc.

Puso ley y orden aquel rey Pachacutic en los casamientos y matrimonios, y tenía cuidado de que sus vasallos se casasen. Ya se dijo arriba cómo de tres en tres años tenía ordenado que los depósitos se renovasen; así quiso que por aquel tiempo se renovasen los hombres tomando nuevo estado. En aquel tiempo tomaba cuenta a los contadores mayores del número de toda la gente de las provincias y de los que habían nacido en ellas y de los muertos y de los ausentes y de los venidos a ellas de nuevo, y de los solteros y de los casados. Para esto mandaba juntar toda la gente de cada pueblo por sus parcialidades o collaciones, en grandes plazas o casas para ello deputadas, donde concurrían todos los mancebos y doncellas que habían llegado a edad de se casar. Salían también allí las que se habían criado con las Mamaconas en el templo, las doncellas a una parte y los mancebos a otra. De las que se habían criado [con las] Mamaconas en aquel encerramiento y religión, escogíanse cuatro o cinco de las más principales y más hermosas para mujeres del Sol, y otras dos o tres, si allí estaba el señor, las que más le contentaban, para mujeres suyas; y si no estaba presente, aquella elección hacía el tocrico, o procónsul y legado, para el señor. De las otras criadas en el templo con las Mamaconas, casábanlas con los mancebos hijos de los señores; algunas daba de su mano el señor a algunos principales señores, por dalles favor, y ellas no lo recibían menor. Las doncellas de más de todo el pueblo y provincia, casábanlas con los mancebos de su suerte, dando licencia a los padres que tratasen con quien les placía casarlas. Luego allí se concertaban y se concluían los casamientos, porque, antes que allí viniesen, lo habían tratado y concertado.

Repartidas por esta vía las doncellas y para cada marido cada una señalada, el señor les hacía una plática muy larga persuadiéndolos y exhortándolos a que se amasen, y los varones que hiciesen buen tratamiento a sus mujeres, y a ellas, que a los maridos amasen y reverenciasen y los sirviesen, para que el Sol los prosperase e hiciese bienaventurados. Hecha la exhortación, de discreto príncipe y virtuoso, mandaba traer ropas y joyas y otras alhajas que les donaba y hacía de merced, en que cumplía oficio de príncipe humano y rey magnánimo. A otros mandaba dar cierto número de ovejas y otras dádivas. A algunos hijos de señores que quería hacer más favor y merced, mandábales dar sillas y licencia para que desde allí adelante en sus casas y señoríos pudiesen sentarse. Apercebía y mandaba luego allí a los que desto tenían oficio y cargo, que tornasen a recoger las doncellas de diez años arriba hijas de señores, para que se criasen con las Mamaconas o monjas sirvientas del Templo en aquella religión y encerramiento, en lugar de las que allí entonces se habían sacado que ya iban casadas.

Todo esto cumplido, daba luego licencia que hiciesen allí grandes fiestas, cantos y bailes y juegos, las mujeres por sí y los hombres a otra parte; y mandábales sacar de comer y beber a todos las comidas y vinos que por su mandado les tenían sus oficiales aparejadas.

Esta solemnidad y diligencia de los casamientos hacia el señor y con su presencia los favorecía y honraba; y si él no podía o no quería, siempre lo hacía su tocrico, procónsul o legado.

Acabados los casamientos en aquel pueblo o ciudad, y así toda la provincia, pasábase a celebrar lo mismo a otra provincia, y así por todo el reino y reinos que tenía, ordinariamente sin faltar cada tres años.

Con esta tan singular diligencia y admirable regimiento y cuidado de que todos sus súbditos y vasallos fuesen todos casados, con las costumbres buenas y orden de policía que había plantado, prohibía que no hubiese malas mujeres algunas, porque, ni con tal recaudo y cuasi divina gobernación de que las hubiese había ninguna necesidad. De aquí es haber sido entre aquellas gentes tenido por cosa nefanda y abominable que anduviese una mujer desmandada en torpes actos. Y desto dan testimonio nuestros españoles seglares haber visto esta tan señalada obra de virtud de la honestidad y castidad, cuando al principio, estando en su prosperidad aquellos reinos, en ellos entraron. Y ellos mismo testifican que en la ciudad del Cuzco vieron gran número de señoras muy principales, que tenían sus casas y sus asientos muy quietas y asosegadas, y vivían muy casta y honradamente, como muy honestas y buenas mujeres, cada una con quince o veinte mujeres que tenían de servicio y compañía en sus casas, honestas, bien traídas y aderezadas, y morigeradas. Y cuando salían, con grande autoridad, honestidad y gravedad y atavío a su usanza. Éstas son palabras de un buen seglar escritas que lo vido y notó y sobrello dice cosas harto notables; y añade, que cree haber entonces destas señoras principales en la ciudad del Cuzco y en sus comarcas más de seis mil, sin las de servicio que con ellas en esta vida honesta y virtuosa moraban, que pasaban de veinte mil; y todas estas sin gran número de las Mamaconas que después de haber los españoles el templo del Sol desbaratado y asolado, vivían siempre, según solían, en toda honestidad, como monjas o beatas. Y Dios perdone (dice aquel buen cristiano a quien de estragarse toda esta tanta y tan loable honestidad y bondad fue la causa).

Tornando a los casamientos, ya queda dicho en qué grado de consanguinidad se casaban, porque ni con hermana ni con prima hermana, ni con tía, ni con sobrina usaban casarse, y el contrario se tenía por muy malo, fuese la persona alta o baja, señor o súbdito; solamente los Incas, señores del Cuzco y reyes soberanos era lícito, por razón de la sucesión y herencia del Estado; porque aquel que era hijo de Inca y de su hermana de Inca, heredaba como más propinco y más cierto y esclarecido linaje. A todos los demás era illícitos (sic) y abominable casarse o tener participación en mala parte con personas dentro de aquellos grados.

Los adulterios, si eran de voluntad de ambos, a ambos mataban; y si el varón hacía fuerza a la casada, él solo con la muerte hacía pago.

Los hurtos ásperamente se castigaban; porque, por el primero mataban, si era cosa (?) notable, como aquellos que menos razón de hurtar tenían, por haber puesto el rey tanto recaudo y provisión, que los pobres fuesen proveídos en sus extremas necesidades, y mandado que no hubiese vagabundos, y que todos, para tener lo que hubiesen menester, trabajasen. Hurtillos de poco valor y rencillas, livianas y cosas semejantes, los señores de cada pueblo y gobernadores los castigaban con castigos moderados, como hacellos dar con una piedra ciertos golpes en las espaldas y los (sic) semejantes.

Los homicidas que mataban alguno, sin tener remedio, eran con muerte justiciados.

Los que mentían eran muy castigados según la calidad de la mentira; y comúnmente a las mujeres que mentían, aunque fuesen las mentiras livianas, por castigo trasquilaban.

A los hechiceros y brujos, y que en las mujeres causaban esterilidad o ligaban los maridos, que no pudiesen a sus mujeres llegar, o que con hechizos mataban, cosas que muchas veces se usaban entrellos por algunas personas malas, que debían tener hecho pacto con el Diablo, crudelísimamente las mataban, y no donde quiera, sino que a aqueste género de delincuentes los traían a la ciudad del Cuzco para que allí fuesen justiciados, y su muerte y castigo más por el reino se sonase.

Los delitos que se cometían en perjuicio de la comunidad y otros graves, castigaban los gobernadores o mayordomos que tenía el rey Inca en cada provincia; pero pocas veces condenaban éstos a muerte sin particular consulta y mandamiento suyo, porque, como se ha dicho, cuasi toda la jurisdicción de lo criminal, al menos de pena de muerte, había para sí reservado.

Los contadores mayores y menores tenían en las cuentas gran fidelidad, pero, si en alguna cosa les hallaba mentirosos al tiempo de dar las cuentas, luego los mandaba matar.

Si algún señor, deudo del rey, o de sangre real, cometía crimen alguno digno de muerte, y por privilegio no lo quería matar, condenábalo a cárcel perpetua, y ésta era crudelísima cárcel. Teníanla un cuarto de legua del Cuzco, y llamábanle, Binbilla, donde lo ponían, y hasta que moría, con triste vida estaba.

Tenía ley puesta que hubiese por todos sus reinos peso y medida, porque ninguno fuese agraviado o engañado.

Era también ley que ninguno entrase ni saliese puesto el Sol ni antes que saliese, en la ciudad del Cuzco, porque se supiese y conociesen todos los que en la ciudad entraban, y de donde venían o eran.

Otras muchas leyes y buenas costumbres se pueden colegir de la orden y órdenes que cerca de la gobernación arriba en diversos capítulos quedan referidas.

Capítulo XXV. De la elección que Pachacutic hizo en su hijo Amaro para heredarle, y cómo tuvo que revocar este acto soberano y designar a otro de sus hijos para este cargo; y de sus últimas disposiciones y leyes, y de su muerte

Este tan glorioso y venturoso rey Pachacutic Inca, o Pachacuticapacinca yupangui, rey que volvió o trastornó aquel mundo, después de haber muchos prudentísima y gloriosamente haber (sic) gobernado y puesto en todos aquellos tan grandes reinos suyos tan provechosa y esmerada policía, llegó a ser mucho viejo y a tener muchos hijos y verlos en su vida muy hombres y de mucha prudencia y virtud adornados. El cual, viéndose tan viejo y cercano a la muerte, escogió uno de sus hijos, que tenía por nombre Amarotopainga, hombre bien sabio y entendido en las cosas de casa y de mandar hacer edificios y labranzas, pero nada sabio ni aficionado a las cosas de la guerra. Este fue el tercero hijo suyo, porquel primero se llamaba Apoyanguiyupangui, y el segundo Tillcayupangui. Escogió, como dije, a Amarotopainga, el tercero, para que le sucediese en el universal imperio de sus reinos, el cual quiso que gobernase y mandase mientras él vivía; y así mandó y gobernó cinco o seis años; dentro de los cuales el prudente viejo aconsejaba e instruía al Amarotopainga lo que le convenía hacer, y cómo se había de haber en la gobernación de los reinos, para que hiciese lo que debía, teniendo a todos en paz y justicia, para que fuese amado y estimado de todos sus súbditos.

En este tiempo conoció el rey viejo Pachacutic la poca habilidad y discreción que para gobernar tantos reinos su hijo Amarotopainga tenía, y que su prudencia para más de labranzas y edificios y otras cosas de casa familiares [no] se extendía; lo cual, también los señores y Grandes del reino y los pueblos entendiendo, comenzaron a hacer dél poca estima, y principalmente los demás hijos de Pachacutic y hermanos suyos, de donde procedió rebelarse algunas provincias del Collao; y para reducirlas a su obediencia debida, mandó el padre al hijo que fuese con sus gentes de guerra y las sujetase y trajese a su obediencia. El cual, puesto que contra su voluntad, por fuerza o por vergüenza hubo de ir, donde se dio tan mala ingna (sic) y mostró tan descuidado y tan ajeno de hombre para guerra, que sino fuera por el esfuerzo y animosidad e industria de sus hermanos, mayormente del cuarto dellos, que se llamaba Topaingayupangi, que se mostró valeroso más que todos, perdiera la batalla y fueran vencidos de los contrarios.

Por esta falta y poquedad de Amaroinga se confirmó el padre, y los señores y pueblos, que aquel no era digno de suceder en el reino, ni para tantos y tan grandes reinos gobernar.

Vueltos, pues, los hermanos y gentes de la guerra con su victoria, no habida por el principal capitán, antes estuvieran por perderse todos por su incuria y flojedad, el buen viejo Pachacutic, en público y en secreto informado de los capitanes y de los demás de todo lo acaecido y de quien lo había hecho mejor o peor, y sabida de todo la verdad, conociendo que se había engañado en la elección de Amaroinga por su sucesor, y que si moría quedando por señor, perdería los reinos que él con tantos trabajos, prudencia y cuidado había aumentado y conservado tantos años; y conocido también la habilidad, esfuerzo y prudencia que el cuarto hijo, hermano de madre del dicho Amaro, en aquella guerra había mostrado, hizo llamar a todos sus hijos y tres hermanos suyos y a todos los principales hombres de la ciudad; pero no quiso questuviesen presentes los señores de las provincias comarcanas, sino solamente los naturales de la ciudad y los deudos, porque Amaroinga no se afrentase por lo que quería hablarle. Los cuales todos juntos, Pachacutic les hizo una muy larga y solemne plática, trayéndoles a la memoria el origen, y esfuerzo, y valor, y prudencia y buen gobierno de sus antepasados, en especial el de su abuelo y padre, y los hechos y trabajos y hazañas que él mismo había hecho; y cómo, por haber sido tan sabios y valerosos, habían sus reinos tanto aumentado, viniéndole a sujetar tantas y tan grandes provincias para que las gobernase y tuviese en paz, como lo había hecho, y otras que por sus armas y vencimientos había él subyugado, trayéndoles y probándoles por diversos ejemplos todo lo que pretendía platicalles; y prosiguiendo su razonamiento adelante, les dijo: que por el deseo que siempre tuvo y al presente tenía de conservar él tan gran señorío que el Sol le había dado por la primera victoria que arriba queda declarada, y por el amor que a todos los de sus reinos tenía, [quería] que después de sus días viviesen en justicia y paz, considerando que era viejo y que presto había de acabarse, había escogido y nombrado por su sucesor en tantos reinos a Amaroinga, hijo tercero, no porque lo quisiese más que a los otros ni porque fuese el mayor, pues había otros dos que nacieron antes, sino pareciéndole que como en otras cosas le vía prudente y bien inclinado, tuviera también talento y capacidad para que gobernara y conservara los reinos que sus padres le habían dejado y él había mucho, como vían, dilatado y aumentado. Por este respecto y no particular afición, entre seis hermanos que eran, lo había elegido a aquel.

Llegando hasta aquí la plática, dicen que comenzó a llorar, y llorando vuelve la cara y endereza sus palabras a Amaroinga, refiriéndole todo lo que había hecho por él, cómo le había honrado y autorizado más que a los otros sus hermanos, mandando a ellos y a toda su ciudad real del Cuzco y a todos sus reinos que lo tuviesen por rey y sucesor suyo, y que así quisiera él que permaneciera, pero que el Sol no le había querido aceptar, sino que le sucediese aquel que mejor supiese gobernar y conservar la orden quél había puesto, y procurar la defensa y quietud y paz y conservación de los pueblos infinitos que le había dado.

Dicho esto, comenzole a poner delante los defectos que después que le había cometido la gobernación había hecho, en especial la poca industria y orden y recaudo que se había dado en la guerra pasada, y cómo, si no fuera por sus hermanos, principalmente por Topaingayupangi, quedaran todos vencidos y se perdiera aquel Estado.

Después de le haber dicho sus faltas, volvió luego a excusallo, diciendo que aquello bien creía él que no había sido por su culpa ni por ser él malo, sino porque el Sol no había querido que él fuese señor, pues no le había hecho muy valiente y más sabio, y por tanto, que quería y determinaba y le mandaba que solo hubiese cargo de las cosas pertenecientes a la ciudad, y de hacer reformar los edificios della y de los que demás se hubiesen de edificar, y todo lo demás de la casa; y que como el Sol lo quería, así lo quería él y así se lo encargaba y mandaba; y que no entendiese de allí adelante más de tener aquel cargo. Y para esto, constituyolo por cabeza y capitán del primer linaje real, llamado Capac ayllo, de los diez que arriba en el capítulo XVII hicimos mención haber constituido y ordenado en la ciudad, cuando comenzó a gobernar.

Oído todo lo que habemos recitado, el hijo Amaroinga, con grande humildad y obediencia (como si fuera un devoto fraile que le absolviera del oficio de prior o guardián su provincial) baja su cabeza y dice, quel es muy contento de lo que el Sol había ordenado y él, su padre, le mandaba. Levantose y besa la mano a su padre, y luego vase a asentar en su lugar. Todo esto, dicen los indios que no se celebraba sin muchas lágrimas del viejo rey y padre y de los circunstantes. Y ciertamente materia era y palabras y razones para que no faltasen en abundancia. ¿Y quién hay hoy en el mundo de los hijos reales, que si el rey, su padre, habiéndole dado el reino y después, aunque fuese por sus muchas culpas, para bien de los pueblos, para traspasallo a otro hermano, se lo quitase, que con tanta humildad, paciencia y obediencia lo sufriese y aceptase? Hoy, como en esto y en otras muchas particularidades y aun generalidades, nosotros cristianos habemos de ser de aquestas indianas gentes juzgados. Escrito está: ipsi. n. judices vestri erunt.

Cumplido con la deposición de Amaroinga del estado de rey, y puesto en el de capitán de los caballeros de sangre real, llamó ante sí a Topaingayupangui, su hermano, y era el hijo cuarto, que era muy valeroso y sabio y habilísimo y prudentísimo para gobernar, como después bien lo mostró, y delante de todos le hizo otro maravilloso y eficacísimo razonamiento, en el cual le dio a entender cosas, cierto, harto más altas que había en la política de Platón ni Aristóteles ni otro político estudiado, sino lo que la lumbre natural, que en él estaba bien clara, y la Divina Providencia que en aquella silla real y tan ancha le había entronizado le infundió para bien y utilidad de tan grandes repúblicas y, comunidades, y él pensaba que el Sol material se las dictaba.

Dijo, pues, que el Sol quería que los reyes y señores que habían de gobernar los pueblos fuesen muy prudentes y sabios, y que amasen mucho a los buenos y remediasen a los pobres y castigasen a los delincuentes y hombres malos, porque así se lo había ordenado y mandado el Sol, y así lo había hecho él y guardado siempre; para efecto de lo cual había señalado y nombrado a su hermano Amaroinga, estimando que lo hiciera así; y puesto quél era bueno y amaba los buenos y remediara los pobres, pero que tenía el corazón muy blando y no castigaba los malos, y por eso no le temían y se le alzaban; y que pues él tenía buen corazón para lo uno y para lo otro, que fuese hombre que de tal manera quisiese bien a los buenos y, hiciese bien a los pobres, que fuese recio y riguroso para con los desobedientes y malos y que hiciesen mal a otros. Y que tuviese por cierto, que si así lo cumplía, el Sol le amaría y le favorecería, y los señores, sus vasallos, y los pueblos con todo el reino lo reverenciarían, temerían, obedecerían y querrían mucho. Y si no lo hiciese así, supiese que se indignaría contra [él] el Sol, y que él le privaría del principado, como había hecho a su hermano. Y que aunque fuese muerto, su illapa, que quiere decir su ánima, estando en la otra vida, se lo quitaría.

Acabada su exhortación, y amenaza, mandó a todos sus hermanos y a sus tíos, hermanos del rey, y a otros parientes y a toda la ciudad que estaba presente, que luego allí le alzasen y recibiesen por su sucesor y por su rey. Mandó también llamar todos los señores y gobernadores de sus reinos que viniesen a su corte para que hiciesen lo mismo, dándole la obediencia. Mandó asimismo al dicho Topaingayupangui, su sucesor, que cuando fuese viejo, mirase mucho en escoger de sus hijos para que le sucediese, no el que más él quisiese o a él se aficionase o el mayor, sino el que conociere para gobernar y bien de los pueblos ser el mejor. Y constituyó que así se guardase adelante siempre por todos sus sucesores. Y de tal manera esto se guardó, que aún se guarda por los pocos señores que han quedado hasta hoy. Certifican nuestros religiosos haber visto señor, que, al tiempo de su muerte, preguntado por ellos a quién de sus hijos quería dejar por sucesor del poco Estado que le había quedado, respondió: a fulano quisiera yo dejar, porque le quería mucho, pero no es bueno para gobernar; y por tanto, no quiero dejar sino a fulano que sé que es para ello mejor. Y así prefirió el bien común de todos a su afición particular. Y esto es así verdad, porque el mismo siervo de Dios que se halló presente me lo certificó.

Ejemplo es éste para que se nos diga aquello del profeta: Erubesce Sydon, ait mare. Porque, cierto, cosa sobre hombres o sobre la naturaleza humana y arduísima es que los reyes, viendo que sus hijos no son para gobernar ni reinar, mayormente los que más aman, y que, negado su natural deseo y afición, pasen el reino a otro. Así lo dice el párrafo 3 de la Política, capítulo II.º: Reges non relinquere filiis suis si eos videant idoneos non esse: arduum est et supra naturam humanam. Hec ille. ¿Quién de los reyes hoy del mundo, aun de los cristianos, esto hará? Pues entre estas gentes menospreciadas hubo quien lo hiciese.

Otras muchas ordenanzas para perfección de la policía de sus reinos muy puestas en razón hizo este buen príncipe Pachacutic y dejó mandadas a su hijo, que del todo no se han podido examinar ni dellas tener noticia particular, como no consten por letras de historia, por no tenerlas, sino por los vicios de mano en mano y por los cantos y romances que en las fiestas cantan bailando, que son sus principales historias. Basten las cosas dichas para juzgar que mucho más es lo que era que lo que habemos podido averiguar.

Resta decir una cosa muy notable que certifican todos los viejos dél. Esta es, que cuando ya era muy viejo, dijo a sus hijos que le había hablado el Sol y certificado que su señorío se había de acabar muy presto, porque no había de haber más de su linaje de los Incas reyes sino otro o otros dos después dél; y así acaeció, porque no hubo más de su hijo Topainga y su nieto Guainacapac. Éste muerto, quedaron dos hermanos que al principio tuvieron gran división entre sí, hasta que llegamos nosotros que lo pusimos en paz.

Este señor vivió algunos años después de haber nombrado a su hijo Topainga por su sucesor, y vido la buena y prudente gobernación que usaba en el reino y reinos que le había encomendado; de donde recibía inestimable alegría y consolación. Y al cabo murió este glorioso rey lleno de días, en gran contentamiento y quietud, viendo que dejaba su tan gran Estado y señoríos, por quien tanto se había desvelado y trabajado, a tan buen sucesor.

Capítulo XXVI. De las ceremonias que Pachacutic había ordenado para sus funerales y de sus sucesores, y cómo se observaron. Llantos y lutos

Dejadas las ceremonias que del tiempo antiguo primero de dos que hubo en aquellos referimos que se hacían en los entierros, debía este rey tan prudente, como en todas las cosas para perfeccionar las repúblicas ordenó cosas muy nuevas (por lo cual lo llamaron «vuelta del mundo»), añadir también ceremonias y orden nueva cerca de las que debían hacerse en la muerte suya y de sus sucesores, mayormente cuanto a lo que tocaba a la seguridad del reino, por que en su fallecimiento no hubiese algún alboroto.

Ordenose que estando el rey enfermo, lo metiesen en los más secretos aposentos de sus casas, que no lo viesen sino solos sus mujeres e hijos y el que lo había de heredar, los muy privados y el médico o médicos que lo curaban (y éste nunca salía de junto a él). Ninguno de los de fuera entraban allá, ni aún los de casa sabían si empeoraba o mejoraba. Cuando ven que va empeorando, mayor recaudo ponen para que no se sepa. Ya que muere, tiénenlo encubierto un mes y nadie sabe cosa dél. Entretanto, el sucesor enviaba a las provincias de que había mayor sospecha de alboroto, avisando a los gobernadores secretamente de lo sucedido y que pusiesen recaudo en la quietud de los pueblos. En aqueste tiempo mataban algunas personas de las más familiares, mujeres y criados, que le habían de ir a servir, y éstos no eran otros sino los que de su voluntad solamente se ahorcaban para ir con él a servirle, o los que clamaban pidiendo que los ahogasen para ir aquel camino, porque lo tenían por singular ventura y favorable privilegio.

Lavábanle el cuerpo todo muy bien y vestíanle de los mejores y más ricos vestidos y ropas que él tenía y las joyas y vasos de que más se arreaba y servía, con todo lo cual le sepultaban y las mujeres y criados ya muertos cerca dél. Todo esto así hecho, tiénenlo así en su casa, sin que hombre de los de fuera sepa que es muerto, como si estuviese vivo.

Pasado el mes, ya que por diligencia del sucesor estaba proveído lo que convenía para la paz y tranquilidad del reino, y que ya estaba todo sosegado, comenzaban los hijos y hermanos y más propincos parientes a medio llorar, fingiendo un día que está ya muy malo y propinco a la muerte, y otro día que no tiene ya remedio, y otro día, finalmente, que ya es muerto.

Sacan en público sus andas en que solía andar y su silla en que se asentaba y sus alhajas ricas que con él no enterraban, y poníanlas en un cadahalso alto y comenzábanlo luego todos plenamente a llorar. Duraba el lloro con grandes ceremonias, solemnidad y aparato y con sinfonías (sic) y trompetas con voces grandes. Había grandes maestras mujeres endechaderas, que cantaban todas sus virtudes y hazañas. Juntábanse todos los señores de la tierra y muy grandes gentes a llorallo, y ayunaban dos días sin comer o poco o nada, y al tercero día dábanles opulentísimamente de comer y beber.

Publicaban luego, que los criados y personas que al difunto mucho amaban que quisieren ir a servir a su señor, fuesen de su libertad. Luego, algunas mujeres y hombres que habían sido muy sus servidores y familiares, se ahorcaban para ir a servirle; otros que no tenían tanto ánimo para se matar, rogaban a sus amigos que los ahogasen, por tener por gran honra y beneficio ir a servirlo. Ninguno para esto forzaban que no fuese voluntario; porque decían, que el que no iba de su voluntad allá, no le serviría de buena gana o se huiría por no le servir, y aun también, porque los voluntarios y que se convidaban eran tantos, que de forzallos no había necesidad.

Duraban estos lloros y obsequias seis y ocho meses; y las deste Pachacutic duraron un año. En todo este tiempo daban de comer a yentes y vinientes, aunque fuesen infinitos. Hacían muchos y diversos actos en estos lloros, dignos de ser contados; pero déjanse por la brevedad.

El luto que tenían o se ponían, era vestirse todos los que traían luto de ropas pardas, así las mujeres como los varones. Los hombres no se ponían las insignias de las orejas; ni ellos ni ellas hacían en todo un año cosa de alegría, ni se la ponían de que hubiesen placer.

Eran los señores muy llorados, y puesto que para con todos los señores se guardaba esta costumbre, principalmente así en lo tocante a la sucesión como en el enterramiento y principales ceremonias, pero todavía en cada provincia y pueblos tenían maneras de llorar y lutos particulares y diferentes, los cuales Pachacutic no les quitó, porque las costumbres y leyes buenas y trajes que tenían las provincias y pueblos que sojuzgaba o se le daban, eligiéndole por señor, siempre se las dejaba; solo añadía lo que tocaba la religión y o culto del Sol, y todo aquello que sentía que para perfecta república les faltaba. Y así, generalmente convenían en que al señor, cuando enfermaba, lo encubrían que no lo viese nadie sino sus mujeres e hijos y sus muy privados; y éstos habían de estar sin pecado público, mayormente cuanto al pecado de deshonestidad.

Item, común era por todas las provincias llorarlo muchos días y dar de comer y beber a costa del señor muerto a cuantos iban y venían.

Item, a todas las provincias era común todos los parientes y amigos traer, cuando venían a honrar el difunto, de todo lo que en sus casas tenían: unos maíz, otros ovejas, otros otras comidas; y presentábanlo todo delante el difunto, que comúnmente ponían en el patio de sus casas, donde lo lloraban. Y sí era cosa viva lo que allí habían presentado y ofrecido, delante el cuerpo lo mataban y sacaban el corazón y poníanlo en un palo alto. Y acabado de llorar, que lloraban cuatro o cinco días más, o más o menos, según acostumbraban, conforme a la calidad de la persona, llevábanlo a enterrar común-mente a las sepulturas que usaban tener en el campo y llevando sus armas e insignias en palos altos con gran lloro y procesión.

Después de sepultado, volvían todos a comer, donde tenían de los bienes del difunto y de lo que habían traído ellos, grandes comidas aparejadas. Allí se juntaban a comer todos los deudos y todo el pueblo y cuantos pobres había y se podían hallar, y si era gran señor, de otros pueblos; y ponían la ración del muerto ante su silla o asiento donde se solía asentar, y allí comían y bebían todos en abundancia, y de cuando en cuando tornaban a llantear.

En algunas partes, allende lo que arriba en el capítulo XV dejamos dicho, hacían un bulto y figura con mantas debajo, junto a la sepultura, y vestíanle las vestiduras del difunto. Cada Luna nueva encendían un gran fuego delante la figura (la cual decían que representaba su ánima), y traían delante allí todo su servicio de comida y bebida que le daban cuando era vivo, y de la misma manera le servían. La parte que les parecía que él solía comer, quemaban en aquel fuego, diciendo que el fuego lo comía en su lugar y se lo daba en el otro mundo, donde había ido a parar. Lo demás que sobraba comían sus mujeres y criados y las demás personas que si fuera vivo comieran de su plato.

Todas estas maneras de ceremonias se guardaron en la muerte y entierro deste rey Pachacutic, y fueron más que sobre otro algún rey señaladas.

Capítulo XXVII. De los Incas sucesores de Pachacutic hasta Atauhuallpac

Muerto y sepultado el rey Pachacutic y sus obsequias y honras principales acabadas, comenzó a reinar solo ya sin él su hijo y sucesor Topainga con tanta prudencia, discreción y orden, que todo lo bueno que su padre había en sus reinos de buena y política gobernación entablado, lo sostuvo y llevó muy adelante. Ninguna cosa perdió de cuanto señorío y cuán dilatado le dejó el rey su padre; y algunas provincias que se le habían rebelado por el descuido de gobernación del hermano Amaro, y otras que por la causa misma presumieron de hacer guerra a los súbditos y amigos suyos, los venció y redujo por fuerza de armas; y así extendió su señorío por las sierras hacia abajo de Quito y lo de Bogotá, que agora llaman el Nuevo Reino de Granada. Lo mismo hizo por la parte de arriba que a Chile va a parar.

Este Topainga puso gran orden en los que llamaban Mitimaes, que eran las colonias que pasaban de unas a otras partes, dando orden que las provincias que carecían de algún género de comida, por no tener tierra dispuesta y aparejada, pusiesen vecinos en la provincia donde aquello abundaba, para que allí lo labrasen y todos de todo lo que en todas partes había gozasen; y por esta ocasión y achaque, las gentes de unas provincias con las de las otras comunicasen, y así viviesen en paz.

Fortificó las guarniciones que para guarda de sus reinos su padre tenía en las fronteras, y puso de nuevo otras donde le pareció que debía ponerlas.

Puso también orden cerca de cosas, que concernían al peso y medida, y en las cuentas, y mandolo guardar por toda la tierra.

Mandó sacar acequias para regar los campos más de las que había, y romper y sembrar nuevas tierras.

Este señor fue el primero que halló el secreto y mandó que se usase y gozase del provecho de la coca, yerba que se tuvo y hoy tiene en tan gran estima; y porque la tierra donde la coca se da es calidísima y por esta causa es muy enferma, entendiendo que los indios que allí fuesen a cultivar la coca de nuevo padecían peligro, tuvo una gran industria, como varón prudentísimo. Ésta fue, que ordenó y mandó que algunos vecinos naturales de tierras muy calientes y a la dicha tierra más propincuas, se fuesen allí a vivir y que della le diesen tributo, conmutado (sic) lo que en otras cosas le daban donde antes vivían; y de creer es, que, por animallos a ello, algunas sueltas de tributos y por algún tiempo les haría. Y más hizo, que todos aquellos que por todo su reino se habían, por sus delitos, con muerte de justiciar, porque allí se fuesen a poblar, les otorgaba las vidas. ¿Qué mayor discreción y prudencia de gobernar en tal materia puede ser oída? Yo me acuerdo cuando en los principios se tuvieron en poco y en nada estas nuestras Indias, que de venir a ellas todos huían, los reyes Católicos mandaron despachar sus provisiones por todo el reino de Castilla, las cuales tengo yo hoy en este día, para que los corregidores y otras justicias, los malhechores dignos de muerte y de gravísimas penas a ella propincuas, no los matasen y diesen las tales penas, sino que los desterrasen para estas nuestras Indias.

No se hace hoy así en tiempo de nosotros cristianos en el sembrar y beneficiar la dicha coca, porque no hay pestilencia que más gente mate que la que muere en la cultura della; porque sin diferencia traen de cincuenta y setenta y más leguas los indios de tierras frigidísimas a la calidísima para que la cultiven. Gran vicio es éste; tornó a decir: Erubesce Sydon, ait mare, como el profeta Isaías dice. Que los infieles que gobiernan tengan tanta industria y pongan tanto cuidado, por su interés temporal, en no exponer las vidas de los súbditos que gobiernan en peligro, y que nosotros, que de cristianos nos arreamos, no tengamos cuenta con ello! Ideo ipsi judices nostri erunt, dijo el Redentor del mundo, Cristo.

Este Topainga fue el décimo rey Inca, y casó con una hermana suya de padre y de madre, llamada Mania Ocllo; el cual casamiento hizo por mandado de su padre Pachacutic, diciendo que no podía tomar más conveniente mujer para mejor conservar su estado y que las gentes le tuviesen más amor y devoción que siendo señor por parte de sí mismo y por parte de su mujer.

En ella tuvo muchos hijos, pero tres fueron los principales. El mayor se llamó Piditopayupangi; el segundo, Guaynatopainga; el tercero, Guaynacapac. Y aunque los dos fueron los primeros hijos suyos de su hermana, empero pareciéndole que el tercero, Guaynacapac, mostraba más señales de virtud y cordura y autoridad, comenzolo a mirar y considerar y en su pecho señalallo para su sucesor; y al cabo no se engañó.

Fue valerosísimo varón este Guaynacapac, que quiere decir mancebo emperador, porque lo comenzó a ser e imperar desde bien muchacho; y algunas provincias que se habían comenzado a rebelar redujo, y otras fronteras que inquietaban las naciones sus vasallos Y devotos allanó. Éstas eran donde agora están fundadas León de Guánuco y la ciudad de los Chachapoyas, de las cuales trajo al Cuzco todos los más principales señores y de otras, porque, estando en su corte, tuviese todos aquellos estados seguros. Estos hacía tratar y servir como señores, a cada uno según su mayoría y dignidad.

Este rey Guaynacapac fue undécimo rey de los Incas, y en quien podemos decir que los reyes Incas se acabaron, como arriba tocamos; porque siendo éste ya viejo y estando en las provincias de Tomepapa, que son en términos de la de Quito, llegó Pizarro con los trece compañeros que dicen, cuando comenzó a descubrir aquellos reinos, como en otro lugar, placiendo a Dios, se dirá. Y esto supo luego Guaynacapac y envió a saber qué quería aquella gente nueva; y vueltos los mensajeros, dijéronle que venían a buscar oro; y dicen que les envió ciertas piezas dello; y cuando llegaron a la mar los que las traían, eran ya partidos los cristianos. Y con la muestra que de oro hallaron por aquella costa, se vino Francisco Pizarro a Castilla y pidió la gobernación de la tierra y en este tiempo medio murió Guaynacapac y quedó su señorío dividido por su orden y mandado entre dos hijos suyos, el uno llamado Guascar y el otro Atapalipa. Al Guascar dejó al Cuzco con todo lo de arriba, y el Quito con todo lo de abajo y sus comarcas dejó al Atapalipa.

Muerto el padre Guaynacapac, hubo entre los hermanos grandes diferencias, no queriendo estar Guascar por la orden y determinación del padre, y enviando gente de guerra contra su hermano Atapalipa, venciolo y prendiolo; pero suelto de la prisión por industria de cierto indio, que le dio una barreta de cobre para soltarse, rehízose con su gente, y envía dos capitanes con cuarenta mil hombres delante contra el Guascar, rey del Cuzco, y él va después dellos con otros tantos; y finalmente, lo prendieron los suyos y lo hizo matar; y así quedó por rey y señor de todos los reinos de su padre Guaynacapac, y los pueblos le obedecían todos. Yendo este camino Atapalipa con sus cuarenta mil hombres contra el hermano Guascar, llegó Francisco Pizarro vuelto de Castilla con la gobernación del Perú, y lo prendió y mató en una ciudad llamada Cajamarca. Y aquí se acabó el felice y glorioso Estado real de los Incas. Reyes y señores universales de los reinos tan largos de la tierra que llamamos el Perú; larga y lamentable y dolorosa historia y no menos miseranda de contar. Y lo dicho baste para que se tenga noticia de la orden, policía y gobierno de las repúblicas que tenían las gentes indianas del Perú.

Fin

Libros a la carta

A la carta es un servicio especializado para

empresas,

librerías,

bibliotecas,

editoriales

y centros de enseñanza;

y permite confeccionar libros que, por su formato y concepción, sirven a los propósitos más específicos de estas instituciones.

Las empresas nos encargan ediciones personalizadas para marketing editorial o para regalos institucionales. Y los interesados solicitan, a título personal, ediciones antiguas, o no disponibles en el mercado; y las acompañan con notas y comentarios críticos.

Las ediciones tienen como apoyo un libro de estilo con todo tipo de referencias sobre los criterios de tratamiento tipográfico aplicados a nuestros libros que puede ser consultado en Linkgua-ediciones.com.

Linkgua edita por encargo diferentes versiones de una misma obra con distintos tratamientos ortotipográficos (actualizaciones de carácter divulgativo de un clásico, o versiones estrictamente fieles a la edición original de referencia).

Este servicio de ediciones a la carta le permitirá, si usted se dedica a la enseñanza, tener una forma de hacer pública su interpretación de un texto y, sobre una versión digitalizada «base», usted podrá introducir interpretaciones del texto fuente. Es un tópico que los profesores denuncien en clase los desmanes de una edición, o vayan comentando errores de interpretación de un texto y esta es una solución útil a esa necesidad del mundo académico.

Asimismo publicamos de manera sistemática, en un mismo catálogo, tesis doctorales y actas de congresos académicos, que son distribuidas a través de nuestra Web.

El servicio de «libros a la carta» funciona de dos formas.

1. Tenemos un fondo de libros digitalizados que usted puede personalizar en tiradas de al menos cinco ejemplares. Estas personalizaciones pueden ser de todo tipo: añadir notas de clase para uso de un grupo de estudiantes,

introducir logos corporativos para uso con fines de marketing empresarial, etc. etc.

2. Buscamos libros descatalogados de otras editoriales y los reeditamos en tiradas cortas a petición de un cliente.

www.ingramcontent.com/pod-product-compliance
Lightning Source LLC
La Vergne TN
LVHW041158080426
835511LV00006B/646